Psychologie für Einsteiger

Die Grundlagen der Psychologie einfach erklärt – Menschen verstehen und manipulieren

Claudia Sonnenbeck

INHALT

Einführung in die Psychologie

D ie Psychologie ist ein Thema mit weiten und teilweise noch unerforschten Horizonten. Das psychische Wohlbefinden eines Individuums ist nämlich von jedem einzelnen Einfluss abhängig. Beginnend im Mutterbauch, weiterführend mit der Erziehung, mit Hobbys, Ansichten, Erkenntnissen, Gefühlen und gelernten Werten. Diese Einflüsse sorgen nämlich für positive Entwicklung oder auch für negative Entwicklung. Diese Gegensätze der positiven und negativen Entwicklung beschreiben dabei grob gesehen schließlich die Psychologie. Diese versucht nämlich, Verhaltensweisen eines Individuums zu erklären und bietet dabei die Möglichkeit, zum Beispiel Ängste zu überwinden.

Um einen guten Einstieg in das Thema zu gewährleisten ist es wichtig, zu erwähnen, dass man den Oberbegriff der Psychologie in viele detaillierte Aspekte und Unterthemen gruppiert. Dabei tragen regelmäßig neue Erkenntnisse dazu bei, dass sich die Psychologie weiterentwickelt und Fortschritte macht. Beispielsweise werden durch erweiterte Hirnforschung und Verhaltensbeobachtungen durch Erstellungen von Statistiken neue Methoden und neue Therapien entwickelt.

Der Begriff der Psychologie stammt dabei aus dem Altgriechischen und bedeutet - wenn man es wörtlich übersetzt - so viel wie Seelenkunde beziehungsweise Seelenlehre. Wichtig bei dieser sogenannten Seelenkunde sind dabei vor allem die menschlichen Sinne, also das Sehen, Hören, Riechen, Fühlen und Schmecken, denn diese Sinne helfen einem bei fast jeder psychischen Störung oder sind eine der ersten Baustellen.

Um die Psychologie, mit allen Themen und

Bereichen besser zu verstehen sind die folgenden, aufgeführten Inhalte hilfreich. Psychologie ist zwar sehr komplex, aber hiermit wird die Psychologie für Anfänger einfach erklärt.

Die Geschichte der Psychologie

Die Geschichte der Psychologie verschafft einem ein wichtiges Hintergrundwissen, um die Psychologie zu verstehen, denn viele unserer heutigen Therapien basieren auf damaligen Denkansätzen. Zunächst einmal ist die Psychologie auf das 19. Jahrhundert zurückzuführen. Zu diesem Zeitpunkt geschah nämlich durch das Zusammenschließen von Forschergruppen die offizielle Etablierung der Psychologie als ein unabhängiges und wissenschaftlich angesehenes Forschungsgebiet.

Doch eigentlich gab es dieses Forschungsgebiet schon *vor Christus*. Ein griechischer Gelehrter Namens Aristoteles, welcher von „Beruf" Philosoph und Naturforscher war, schrieb nämlich zu seiner Zeit schon ein Buch mit dem Namen „De anima" – „Über die Seele" –, in welchem er über die Seele des Menschen spricht, diskutiert und Mutmaßungen vorantreibt. Dieses Buch und die damaligen Diskussionen galten letzten Endes als Grundlage für den Wissenschaftler und Pädagogen Siegmund Freud und seinen Modellen über die Psyche.

Dabei führten verschiedene Prägungen, wie zum Beispiel der Materialismus, zu unseren heutigen Erkenntnissen. Im 19. Jahrhundert zum Beispiel wurde die Wichtigkeit der Sinnesorgane eines Individuums schon erkannt und durch unser heutiges Wissen ausgebaut und verbessert. Doch die Psychologen, welche aus Philosophen, Medizinern und Naturforschern bestanden, waren sich natürlich nicht immer einig, weshalb zu den Anfängen des 20. Jahrhunderts viele Richtungen in der Psychologie entstanden und sogar noch bis heute existieren. Diese verschiedenen Richtungen werden jedoch später genauer beschrieben und erläutert, bilden aber dennoch bis heute die Fundamente unserer heutigen Psychologie.

Selbsttest: Wie ist meine psychische Verfassung?

Im Folgenden ist ein Selbsttest vorzufinden, welcher die psychische Verfassung eines Individuums beschreiben soll. Er dient als Hilfe, sich selbst besser kennenzulernen und sich mit dem Thema näher auseinanderzusetzen. Es werden nun weiterführend fünfzehn Aussagen aufgelistet. Diese Aussagen basieren auf unterschiedlichen persönlichen Empfindungen und Verhaltensweisen. Der Test funktioniert so, dass man sich bei jeder Aussage Punkte von 1-10 geben kann. Die Zahl eins bedeutet dabei „Stimmt nicht" und die Zahl zehn bedeutet „Stimmt genau.". Die Zahlen von 2-9 geben dabei Tendenzen an.

1. Ich neige dazu, ängstlich und nervös zu sein.

2. Ich mache mir über viele verschiedene Dinge viele Sorgen.

3. Ich denke, wenige Dinge kontrollieren zu können und das plagt mich.

4. Ich habe schlechten und unruhigen Schlaf.

5. Ich lebe viel in der Vergangenheit.

6. Mein Essverhalten hat sich unfreiwillig geändert.

7. Ich bin oft antriebslos und unmotiviert.

8. Ich bin oft lieber allein.

9. Ich bin schnell gereizt und leide an Stimmungs-schwankungen.

10. Ich fühle mich vom Alltag oft ausgelaugt.

11. Ich vernachlässige meine Familie und Hobbys.

12. Ich habe oft negative Gedanken.

13. Meine Energie fehlt mir.

14. Meine Familie hat mich auf mein Verhalten schon aufmerksam gemacht.

15. Ich lache nicht mehr viel.

Die Auswertung dieser Aussagen funktioniert nun sehr einfach. Zu jeder Aussage wird sich die entsprechende individuelle Punktzahl notiert. Umso höher das Ergebnis ist, desto eher kann man davon ausgehen, dass die psychische Verfassung definitiv nicht im idealen Zustand ist und verbesserungswürdig ist.

Um sich dem Idealzustand zu nähern und sein eigenes Wohlbefinden zu verbessern, gibt es verschiedene Übungen und Methoden, die dazu beisteuern, glücklicher zu werden und positiver zu denken.

Wissenschaftliche Psychologie vs. Laienpsychologie

Zur Psychologie gehören im Oberbegriff zwei streng zu differenzierende Begriffe. Zunächst den Begriff der wissenschaftlichen Psychologie sowie aber auch den Begriff der Laienpsychologie.

Die Laienpsychologie wird auch als Alltagspsychologie bezeichnet. Sie beinhaltet Erkenntnisse aus der Psychologie, welche nicht auf der Grundlage von wissenschaftlichen Kriterien und Fakten basiert. Das heißt, dass die Alltagspsychologie die Maßstäbe der Erkenntnis nicht an wissenschaftlichen Belegen festsetzt, sondern auf verbreiteten Annahmen durch ähnliche persönliche Erfahrungen, Erlebnisse, Geschichten und Weiteres basiert.

Durch die Alltagspsychologie entstanden Mythen unter anderem im Bereich der Geschlechterstereotypen, im Bereich des Familienstandes, sowie aber auch im Bereich des Alters. Ein weit verbreiteter Mythos ist, dass Frauen durchaus immer mehr Redeanteil besitzen als Männer und dass das daran liegt, dass Frauen sich immer mitteilen müssen und Aufmerksamkeit benötigen. Dies ist ein Beispiel aus der typischen Alltagspsychologie. Ereignisse, die öfter zutreffen, werden als allgemeingültig umformuliert und eine Psychologie dahinter wird gesucht und passend umstrukturiert.

Vor allem geschieht dies auch, wenn man Mythen wissenschaftlich widerlegen konnte, da dies bei der Alltagspsychologie nicht mit beachtet wird. Um bei dem gleichen Beispiel zu bleiben: Die wissenschaftliche Studie 6 APSYH01 1 konnte widerlegen, dass Frauen mehr sprechen als Männer. Sowohl

Männer als auch Frauen reden im Schnitt rund 16.000 Wörter pro Tag.

Die wichtigsten Unterschiede zwischen der Alltagspsychologie und der wissenschaftlichen Psychologie sind also, dass in der Alltagspsychologie Mythen sowie unreflektierte Aussagen pauschalisiert werden, ohne dabei kritisch hinterfragt zu werden. Widersprüchliche Behauptungen werden aufgestellt und nicht wissenschaftlich begründet, Datenerfassungen basieren auf Zufällen und nicht auf strukturierten Statistiken und Analysen. In der wissenschaftlichen Psychologie sind sie mit wissenschaftlich konzipierten Methoden und Konzepten überprüfbar. Zudem kommen Forscher trotz unterschiedlicher Orientierungen und Wegen aufgrund von wissenschaftlichen Regeln und Konzepten oft zu gleichen Erkenntnissen und Ergebnissen.

Die Alltagsfloskel „Gegensätze ziehen sich an" hingegen ist nicht wissenschaftlich nachweisbar noch ist es wissenschaftlich überprüfbar. Die „Alltagspsychologen" beschäftigen sich mit unterschiedlichen Interpretationen und deren aufgestellte Theorien sind nicht oder nur schlecht überprüfbar und wiederholbar. Theorien sind in der Realität jedoch mit wissenschaftlichen Methoden überprüfbar. Ein präsentes Problem in der Alltagspsychologie ist jedoch auch, dass diese Floskeln nahezu zu jeder Situation passen und sich daher ihre „Richtigkeit" auch in der Welt oft finden.

Trotzdem sollte jedoch jedem Menschen klar sein, dass psychologische Rückschlüsse keine monokausale Erklärung (einzige Ursache) haben, sondern dass die menschlichen Verhaltensweisen drastische Unterschiede aufweisen können. Die Psychologie als eine objektive, experimentelle und auf Statistiken beruhende Naturwissenschaft hat das Ziel, die Kontrolle über das Verhalten eines Menschen zu ändern. Die Psychologie gilt als eine Verhaltenswissenschaft basierend auf Methodik und auf dem menschlichen Erleben.

Gebiete der Psychologie

Die Psychologie ist also eine Verhaltenswissenschaft sowie eine Naturwissenschaft, die Verhalten und Erleben darstellt und sich mithilfe von wissenschaftlichen Perspektiven und Methoden von der schon oben beschriebenen Alltagspsychologie bzw. Laienpsychologie abgrenzt. Die Erkenntnisgewinnung basiert dabei in der Psychologie auf sozikultureller, psychologischer und biologischer Ebene und ist dabei deshalb in verschiedene Gebiete beziehungsweise Disziplinen unterteilbar die sich zwischen **Grundlagen**fächern, *Anwendungsfächern* sowie *Methodenfächern* unterscheiden.

Beginnend mit den Grundlagen ist zu erwähnen, dass man innerhalb dieser Disziplinen noch zwischen Fächern unterscheidet, welche ebenso auch Bestandteil anderer Grundlagenfächer sind und zwischen Fächern, welche grundlegende Erkenntnisse in bestimmten Kontexten und Zusammenhängen präsentieren. Zu der ersten Differenzierung, also Fächer, die ebenso Bestandteil anderer Grundlagenfächer sind, zählt die Allgemeine Psychologie, die Biopsychologie sowie die psychologische Methodenlehre. Zu dem Gebiet der grundlegenden Erkenntnis zählen die Sozialpsychologie, die Persönlichkeitspsychologie, die Differentielle Psychologie sowie die Entwicklungspsychologie.

Dabei wird die Allgemeine Psychologie sowie die Biologische Psychologie kurz näher erläutert: Die Allgemeine Psychologie befasst sich mit der Frage, welche Regelmäßigkeiten und Zusammenhänge sich in Betracht auf das Erleben und Verhalten eines Menschen finden lassen und welche Gemeinsamkeiten sich daraus ergeben. Dabei werden

Aspekte wie Wissen, Aufmerksamkeit, Emotionen, Motivationen, Wahrnehmung, Lernen, Kognition und Sprache behandelt.

Die Biologische Psychologie beschäftigt sich hingegen mit den Bereichen, die sich auf das Erleben und auf das Verhalten auswirken. Aspekte wie die Genetik eines Menschen werden untersucht, aber ebenso auch die Anatomie, die Physiologie, die Gehirnaktivität, die Muskelaktivität, die Herzfrequenz, der Blutdruck und weitere Aspekte, die sich mit der Biologie des menschlichen Körpers befassen.

Die Disziplinen der Anwendungsbereiche sind sehr ausgeprägt und stark verzweigt mit Unterthemen. Grundlegend kann man aber sagen, dass die Klinische Psychologie mit den Themen Neuropsychologie und Medizinische Psychologie dazu zählt, die Wirtschaftspsychologie mit den Unterthemen Arbeitspsychologie inkl. Ingenieurpsychologie, Organisationspsychologie, Betriebspsychologie, Finanzpsychologie, Führungspsychologie, Marktpsychologie inkl. Handelspsychologie, Konsumpsychologie, Verkaufspsychologie und Werbepsychologie. Weitere Anwendungsgebiete sind die Pädagogische Psychologie, die Friedenspsychologie, die

Gemeindepsychologie, die Gerontopsychologie, die Gesundheitspsychologie, die Medienpsychologie, die Militärpsychologie, die Musikpsychologie, die politische Psychologie, sowie die Rechtspsychologie mit den Unterthemen Kriminalpsychologie und Forensische Psychologie. Aber auch Gebiete wie die Religionspsychologie, die Schulpsychologie, die Sportpsychologie, die Umweltpsychologie und Verkehrspsychologie gehören zu den Anwendungsbereichen.

Auch die Methodenfächer sind dabei komplex unterteilt. Einer der wichtigsten Aspekte und Überbegriffe ist die Psychologische Methodenlehre mit den Unterthemen Metaanalyse, Wissenschaftstheorie, Experimentalmethodik, Evaluationsforschung, Ethik, Mathematik, Informatik und Mathematische Psychologie. Dabei hat der Aspekt der Mathematik noch das Unterthema Stochastik, welches sich mit Statistik, Spieltheorie, Kombinatorik sowie Wahrscheinlichkeitstheorie/-rechnung beschäftigt. Die Psychologische Diagnostik bildet dabei den zweiten wichtigen Überbegriff in diesem Bereich.

CLAUDIA SONNENBECK

Strömungen der Psychologie

Die Strömungen der Psychologie umfassen 5 Themen, welche sehr unterschiedlich sind. Dazu gehören der Behaviorismus, die Tiefenpsychologie, die Gestaltpsychologie, die Kognitive Psychologie und die Humanistische Psychologie.

Der Behaviorismus nahm seinen Ursprung bei Menschen zu Beginn des zwanzigsten Jahrhunderts. Diese Strömung befasst sich grundlegend mit einem ausgelösten Reiz und der darauf folgenden Reaktion eines Individuums. Das Interesse bezog sich dabei besonders auf Lernverhalten und Lernprozesse. Diese Prozesse beziehungsweise die verschiedenen Verhaltensweisen können dabei sowohl negativ als auch positiv sein. Das Schema, welches genau die Erforschung von Reiz und Verhalten beschreibt, nennt man Stimulus-Response-Schema. Zwischen dem neunzehnten und dem zwanzigsten Jahrhundert hatte ein Physiologe die ersten Erforschungen dieser Reflexuntersuchung gemacht, welche aber zunächst bei Hunden getestet wurde.

Die Tiefenpsychologie hingegen beschäftigt sich viel eher mit anderen Methoden und Ansätzen mit der Psychologie des Menschen. Dabei kann man die Tiefenpsychologie in drei Hauptaspekte unterteilen. Der erste beschreibt dabei die methodische Analyse von menschlichem Verhalten und von menschlichem Erleben. Der zweite Aspekt beschreibt eine aufgestellte Theorie in diesem Bereich und der dritte Hauptträger sind die drei Instanzen Ich, Es und Über-Ich. Zu diesem Thema gehören aber ebenso wichtige Aspekte der Traumdeutung sowie der Erklärung von psychischen Störungen und sexuellen Richtungen.

In der Gestaltpsychologie wird hingegen das

Erleben und die Wahrnehmung als eine Ganzheit betrachtet und behandelt. Sie wird aus diesem Grund auch als Wahrnehmungslehre betitelt. Menschen, die die Gestaltpsychologie ausüben, versuchen also stets Gesetze beziehungsweise Erklärungen zu finden, welche einem helfen, den Menschen mit seinen verschiedensten Interpretationen zu erklären. Dabei werden beispielsweise folgende Fragen thematisiert:

• Warum kann man manche Dinge in den Hintergrund stellen, aber andere wiederum in den Fokus?
• Von Welchen Faktoren ist die Geschwindigkeit der Erkennungen abhängig?
• Wieso und weshalb sieht der Mensch gewisse Zusammenhänge zwischen Dingen?
• Welche Faktoren können dabei das Erkennen von diesen Zusammenhängen erleichtern oder erschweren?

Die kognitive Psychologie oder auch der Kognitivismus genannt beschäftigt sich dabei mit der Analyse und Untersuchung der Informationsverarbeitung eines Individuums.

Die letzte Strömung, also die Humanistische Psychologie, handelt von der individuellen Selbstentfaltung, Selbstbestimmung, Selbstverwirklichung und Weiteres. Die Grundannahme dieser Strömung basiert auf dem Gedanke, dass sich gesunde Persönlichkeiten mit dieser Form von Psychologie entfalten.

Physiologische Psychologie

Die Physiologische Psychologie versucht, zu erklären, wie Emotionen, Verhaltensweisen, sowie Bewusstseinsänderungen mit Aspekten wie Atmung, Motorik, Hormonen, Kreislauf und Hirnaktivitäten zusammenhängen. Zum Beispiel spielen Emotionen und Stress im Zusammenspiel eine bedeutende Rolle für den Körper. Der Forschungspunkt wird dabei auf die Untersuchung der Verarbeitung von Sinnesreizen gelenkt. Das Spüren von Schmerzen kann beispielsweise dazu führen, dass sich der Herzschlag erhöht und sich die Muskeln anfangen, zu verspannen. Diese Reaktion passiert zum Beispiel auch bei der psychischen Störung „Panikattacken". Das Signal *Schmerz* wird ausgesendet und die Person bekommt Herzklopfen – Sie steigert sich in die Situation hinein und verfällt in Todesangst.

Psychosomatik

Die Psychosomatik wird unter anderem auch Krankheitslehre genannt oder auch ganzheitliche Betrachtungsweise. In der Psychosomatik werden Vorgänge und Verflechtungen untersucht, die sowohl bei einem gesunden als auch bei einem kranken Menschen durch psychische Fähigkeiten passieren. Zusammengesetzt ist das Wort aus dem Altgriechischen und bedeutet Seele (Psyche) und Körper (Soma).

Bei der Psychosomatik werden vor allem die psychischen Einflüsse aufgrund von somatischer Handlungen untersucht und analysiert. Dabei versucht man, den Ursprung zu erkennen, der sich durch einen psychischen Reiz auf den Körper übertragen hat. Die Somatopsychologie ist dabei das sogenannte Gegenstück zur Psychosomatik. Diese befasst sich nämlich damit, wie aufgrund einer körperlichen Erkrankung die psychische und emotionale Ebene darunter leidet. Die psychosomatische Medizin ist dabei die Ausführung und Umsetzung der Psychosomatik in einem Krankenhaus oder einer medizinischen Einrichtung. Dabei gehören die Erkennung, Vorbeugung, Behandlung sowie die Rehabilitation zu den grundlegenden Aufgaben. Darunter zählen dann verschiedenste Anwendungsbereiche: Ein Beispiel dafür ist, wenn körperliche Erkrankungen vorliegen, wie zum Beispiel eine Krebserkrankungen. Weitere Beispiel sind Posttraumatische Störung, Belastungsstörungen, Persönlichkeitsstörungen, Essstörungen und viele mehr.

Aber die Psychosomatik bedeutet nicht, dass man immer zwingend einen somatischen Fund macht. Es gibt auch psychische Störungen, die körperliche Schmerzen auslösen, ohne dass in Wirklichkeit Gefahr zur Sorge besteht. Ein typisches Beispiel dafür ist die psychische Störung „Panikattacken". Bei

Panikattacken kann man grundlegend sagen, dass der Mensch auf bestimmte Reize überempfindlich reagiert und die Dinge meist auch dramatisiert. Ein Stechen in der Brust wird als bevorstehender Herzinfarkt selbst diagnostiziert, dabei ist dieses „Stechen in der Brust" weder so real wie die betroffene Person aufnimmt, noch bedeutet es, dass man sich in Lebensgefahr befindet. Wenn ein Individuum beispielsweise die erste Panikattacke vor einer Prüfung hatte, dann ist es wahrscheinlich, dass jegliche Reize, die etwas mit einer Prüfung zu tun haben, eine erneute Panikattacke auslösen. Das kann das Geräusch eines aufgeschlagenen Buches sein, der Geruch von Papier oder auch das Halten des gleichen Stiftes. Jeder Reiz, den der Körper aufnimmt, wird umgesetzt und der Körper wir nervös und „macht sich selbst schmerzen". Hierbei kann dann die Psychosomatische Untersuchung Aufschluss über das Thema geben und man kann als betroffene Person in eine psychische Behandlung gehen.

Die Wahrnehmung von einem Reiz und eine darauf folgende Reaktion bezeichnet man auch als Psychosomatischen Zusammenhang. Dabei ist das Beispiel Panikattacken ebenso passend. Das Gefühl von

Angst, welches man bei einer Panikattacke verspürt, führt dazu, dass die Nebennieren eines Menschen Adrenalin ausschütten. Dieses Ausschütten hat die Folge, dass das vegetative Nervensystem gestört ist und beispielsweise Verdauungsstörungen die Folge sein können. Deshalb sind viele Redewendungen, die wir benutzten, auch wahr. Wenn man nervös ist oder man Angst und Bedenken hat, sagt man oftmals „Mir liegt etwas schwer im Magen" oder auch „Der Schreck fährt mir über die Glieder." Äußere Einflüsse können dabei die Reaktion oder Folge auch verschlimmern. Beispielsweise kann das ständige vor dem Fernseher einschlafen dazu führen, dass das Schlafverhalten gestört wird und eine Schlafstörung die resultierende Ursache ist. Aber auch Toxine wie Alkohol, Tabak oder generell Drogen können dabei psychosomatische Auswirkungen mit sich führen.

Wahrnehmungspsychologie

In der **Wahrnehmungspsychologie** wird der sogenannte <u>subjektive</u> Anteil der <u>Wahrnehmung</u> untersucht. Um die Wahrnehmungspsychologie besser verstehen zu können, ist es wichtig, zu wissen, dass man zwischen objektiven und subjektiven Beziehungen zwischen Reizen und deren Empfindungen spricht. Dabei beschreibt die objektive Wahrnehmung, dass gesunde Menschen (das heißt ohne Sehstörung, Hörstörung oder Ähnlichem) – da diese alle die gleichen Sinnesorgane haben – einen

Reiz gleich aufnehmen. Dabei ist die subjektive Wahrnehmung die, die im Endeffekt bestimmt, wie dieser aufgenommene Reiz interpretiert wird. In der Wahrnehmungspsychologie wird also der Teil untersucht und erklärt, der nicht durch die Wissenschaft, sondern unsere grundlegende Anatomie erklärt wird.

WAHRNEHMUNGSTHEORIE

Zur Erklärung der Wahrnehmungen gibt es verschiedene Theorien, welche Aufschluss darüber geben sollen. Eine Theorie ist die Theorie des Hermann von Helmholtz.

Diese Theorie wurde 1866 aufgestellt und besagt, dass die Erfahrung, die ein Individuum macht beziehungsweise gemacht hat, entscheidend für die Sicht auf dessen Umwelt sind. Nach Hermann von Helmholtz trägt die Erfahrung entscheidend zu unserer Sicht der Umwelt bei. Ein Individuum benutzt unbewusst seine Erlebnisse und Erfahrungen, um über das Wahrgenommene zu urteilen und zu schlussfolgern. Diese „unbewusste Schlussfolgerung" sorgt dafür, dass man in seiner gewohnten Umwelt so zügig wahrnehmen kann, da man nur wenige Hinweisreize benötigt. In einer ungewohnten Umgebung kann dies gleichzeitig aber auch dazu führen, dass durch die unbekannten Situationen ablaufende Prozesse in der Umwelt falsch interpretiert werden und man sich so unwohl fühlt oder gar dem Menschen um sich herum ein Unwohlsein bereitet.

Eine andere Wahrnehmungstheorie ist die ökologische Wahrnehmungstheorie von James J. Gibson. Gibsons Theorie untersucht drei grundlegende Faktoren zur Analyse. Der erste Faktor umschreibt dabei den Faktor der genauen Analyse der Informationen in der Umwelt. Der zweite Faktor beschreibt die „Berücksichtigung der Aktivität von Lebewesen" und der dritte Aspekt beschreibt die "Spezifizierung der Wahrnehmungsangebote der Welt nach der Artspezifik der jeweils interessierenden Lebewesen". Bei der Untersuchung dieser drei Aspekte konnte herausgefunden werden, dass es nicht die einzelnen Reize sind, die ein Individuum dazu bewegen, etwas aufzunehmen, sondern dass es in der Vielfalt der Invarianten über Zeit und Bewegung liegt. Zudem spielt in dieser Theorie auch das Handlungsangebot eine wichtige Rolle. Beispielhaft wird das Handlungsangebot einer Rolltreppe je nach

Lebewesensart unterschiedlich wahrgenommen.

GESTALTPSYCHOLOGIE

Ein weiteres wichtiges Unterthema in der Wahrnehmungspsychologie ist die Gestaltpsychologie. Diese beschreibt das Erleben als eine Ganzheit. In der Gestaltpsychologie gibt es die sogenannten Gestaltgesetze, welche 1923 formuliert wurden. Das erste Gesetz wird als Gesetz der Nähe betitelt und bedeutet, dass Elemente, welche keinen großen Abstand voneinander haben, als zusammengehörig wahrgenommen werden.

Das zweite Gesetz nennt man das Gesetz der Ähnlichkeit. Dieses besagt, dass Elemente und Gegenstände, die sich einander ähneln, von einem Individuum eher als zusammengehörig eingestuft werden, als Elemente, welche deutliche Ungleichheit hervorrufen.

Folgend gibt das Gesetz der guten Gestalt, welches besagt, dass ein Individuum bevorzugt, Gestalten wahrzunehmen, welche eine einfache Struktur besitzen.

Ein weiteres Gesetz ist das Gesetz der guten Fortsetzung oder auch das Gesetz der durchgehenden Linien genannt. Dieses Gesetz beschreibt, dass wenn man zwei Linien sieht, die ein X bilden, nicht davon ausgeht, dass es sich dabei um zwei Linien mit einem Knick handelt, sondern, dass es zwei gerade Linien sind, welche sich lediglich kreuzen.

Ein weiteres Gesetz ist das Gesetz der Geschlossenheit. Dieses bedeutet, dass ein Individuum es bevorzugt, Strukturen wahrzunehmen, welche geschlossen sind und nicht offen und unabgeschlossen wirken.

Ein weiteres Gesetz ist das Gesetz des gemeinsamen Schicksals, welches beschreibt, dass es bevorzugt wird, etwas wahrzunehmen, was sich in die gleiche Richtung bewegt. Dabei kann es sich um ein Element, um zwei oder aber auch um mehrere Elemente handeln. Dabei war dieses Gesetz das letzte, welches es zur damaligen Zeit gab, bis Stephen Palmer 1990 drei weitere Gestaltgesetze formulierte.

Diese Gesetze benannte man als das Gesetz der gemeinsamen Region, Gesetz der Gleichzeitigkeit sowie als das Gesetz der verbundenen Elemente.

Dabei beschreibt das erste Gesetz, also das Gesetz der gemeinsamen Region, dass Elemente, die sich in abgegrenzten Gebieten befinden, von jemanden eher als zusammengehörig wahrgenommen und empfunden werden, als wenn dies nicht so ist.

Das Gesetz der Gleichzeitigkeit beschreibt, dass gleichzeitige Veränderungen ebenso eher als zusammengehörig eingestuft werden. Und das letzte Gesetz, also das Gesetz der verbundenen Elemente, beschreibt, dass verbundene Elemente als ein ganzes und einheitliches Objekt empfunden werden.

Wenn man diese Gesetze kennt, kann man merken, dass diese Gesetze sich in unserer Welt auch häufig zu Nutze gemacht werden. Ein Beispiel dafür sind die Medien. Entweder nutzen Medien diese Gesetze um ein „verbundenes und einheitliches Gefühl" zu rekonstruieren oder um bewusst etwas hervorzuheben, das heißt, dass diese Gesetze mit Absicht gebrochen werden.

Zum Beispiel ist die Farbe Rot die komplementäre Farbe zu Grün, was bedeutet, dass wenn etwas in der Farbe Rot auf einem grünen Hintergrund steht, das menschliche Gehirn dies intensiver wahrnimmt. Damit wird aber das Gesetz der Ähnlichkeit gebrochen. Aber auch in anderen Gebieten werden diese Gestaltgesetze angewendet.

SINNESWAHRNEHMUNG

Ein weiterer wichtiger Punkt im Bereich der Wahrnehmungspsychologie ist natürlich die Sinneswahrnehmung. Bekanntlich besitzt ein Mensch fünf Sinne, welche folgendes ermöglichen: Sehen, Riechen, Hören, Schmecken und Fühlen. In der Fachsprache spricht man beim „Sehen" von visueller Wahrnehmung mit dem Auge. Man nimmt mit dem Auge visuelle Reize auf, wie beispielsweise Helligkeit, Kontrast, Farben, Umrisse, Formen, Dreidimensionalität sowie aber auch Bewegungen und andere Impressionen.

Beim „Hören" spricht man auch von auditiver Wahrnehmung mit dem Ohr. Dieses nimmt Schall, Töne und Geräusche auf und besitzt die Fähigkeit, die Entfernung von Geräuschen zu identifizieren sowie auch die Richtung. Die auditive Wahrnehmung kann aber auch bei sehr lauten Tönen durch den Tastsinn aktiviert werden, da man die Vibrationen fühlen kann. Zudem hat das Ohr aber ebenso die Fähigkeit, den Gleichgewichtssinn eines Menschen zu steuern und gibt einem Individuum so die Möglichkeit, die Kontrolle von Bewegungen zu erfassen.

Der Sinn des Fühlens wird als Taktiler

Wahrnehmung beschrieben und hilft dem Menschen dabei, Berührungen zu spüren mithilfe von Kälte- und Wärmerezeptoren. Dabei unterscheidet man jedoch zwischen den folgenden zwei Untersystemen: Der erste Aspekt ist dabei die Tiefensensibilität. Diese beschreibt die Wahrnehmung der Körperglieder und die damit zusammenhängende Körperhaltung. Hierbei wird anstatt eines einzelnen Organes eine größere Menge von Rezeptoren für die Reizaufnahme zuständig gemacht. Dies wird zusammengefasst unter dem Begriff „Muskelsinn". Zudem gehört zu diesem Aspekt auch die körpereigene Wahrnehmung der eigenen Organe.

Der zweite Aspekt ist dann die taktile Wahrnehmung, welche eben dazu dient, dass Temperatur, Vibrationen, Berührungen und Druck empfunden werden können. Das Sinnesorgan, welches dazu führt, dass man all diese Reize aufnehmen kann, ist dabei die Haut.

Der Geruchssinn wird als Olfaktorische Wahrnehmung beschrieben und wird mit der Nase aufgenommen. Das Ermitteln von Gerüchen wird dabei im Gehirn stark mit Emotionen in Verbindung gebracht und ist deshalb auch oft ein Begleiter in einer

Therapie. Der Geruchssinn wird auch als Gustatorische Wahrnehmung beschrieben und wird durch die Zunge erfasst, welche verschiedene Geschmacksrezeptoren trägt, die bei der Identifizierung von Nahrung, chemischen Mitteln und Weiteres helfen.

In der Wahrnehmungspsychologie spielen die Sinne eine enorm wichtige Rolle, denn ohne diese Sinne könnte ein Mensch erstens gar nicht wahrnehmen und zweitens bieten die verschiedenen Sinne einem Individuum viele verschiedene Interpretationsweisen von Situationen und sind damit bedeutend für die Entscheidungsfindung.

FIGUR-GRUND-WAHRNEHMUNG (BEISPIEL „RUBINISCHER BECHER" VON WELLHÖGER 1990)

Im Bereich der Sinneswahrnehmung gibt es auch den Begriff der Figur-Grund-Wahrnehmung, welcher durch einen rubinischen Becher beispielhaft erläutert wird. Die Figur-Grund-Wahrnehmung beschreibt die Unterscheidung von Vordergrund und Hintergrund durch die individuelle Gewichtung der aufgenommenen Reize. Um das Beispiel zu erläutern: Auf dem Bild findet man in weiß einen rubinischen Becher abgebildet und jeweils links und rechts davon in groben Formen und in der Farbe schwarz Menschen, die symmetrisch sind und sich anschauen. Dabei ist die Frage, ob man den Becher als erstes wahrnimmt und das Schwarze lediglich der Hintergrund ist, oder ob die Menschen zuerst wahrgenommen werden und das Weiße in den Hintergrund tritt und gar nicht als ein Becher erkannt wird. Durch die Einströmung der verschiedenen Reize durch die Farben und Formen etc. filtert das Gehirn heraus, welche Eindrücke als wichtig erscheinen und welche nicht. Dabei werden die wichtigen Reize in den Vordergrund gestellt und die unwichtigen Reize werden automatisch in den Hintergrund gestellt.

Persönlichkeits-psychologie

Die Persönlichkeitspsychologie ist ein Gebiet der Psychologie, welches sich im Allgemeinen mit der Persönlichkeit eines Individuums befasst. Motive, Entwicklungen und Reizreaktionen charakterisieren dabei diese Psychologie.

DAS BIG-FIVE PERSÖNLICHKEITSMODELL

Das Big-Five Persönlichkeitsmodell ist ein Fünf-Faktoren-Modell aus dem Bereich der Persönlichkeitspsychologie, welches schon sehr lange existiert und bis heute zu einem internationalen und anerkannten Modell zählt, um die Persönlichkeit eines Individuums zu untersuchen. Die fünf Persönlichkeitsfaktoren sind dabei:

- Offenheit für Erfahrungen
- Gewissenhaftigkeit
- Extraversion
- Verträglichkeit
- Neurotizismus

Der Faktor Offenheit beschreibt dabei das Interesse an neuen Erlebnissen, Erfahrungen sowie Beschäftigungen im Zusammenhang mit gesammelten Eindrücken. Der Faktor Gewissenhaftigkeit beschreibt das Merkmal der Selbstkontrolle und das Merkmal des Perfektionisten. Die Extraversion beschreibt dabei im Großen und Ganzen das zwischenmenschliche Verhalten. Der nächste Faktor bezeichnet sich als „Verträglichkeit" und beschreibt ebenso interpersonelles Verhalten. Der letzte Faktor ist der Neurotizismus, welcher negative Emotionen widerspiegelt sowie als Gegenstück von emotionaler Stärke betitelt wird.

BIG-FIVE SELBSTTEST: WELCHE PERSÖNLICHKEIT HABE ICH?

Eine wichtige Frage, die einem beschäftigt, ist die Frage nach der eigenen Persönlichkeit. Um diese herauszufiltern, muss man sich zunächst vor Augen führen, welche Fähigkeiten die verschiedenen Persönlichkeiten haben.

Offene Personen zeichnen sich aus durch:
• Gute Fantasie
• Gekonntes Einordnen ihrer Gefühle
• Interesse an öffentlichen Vorgängen
• Neugier
• Experimentierfreudigkeit
• Unkonventionelles Verhalten
• Neues ist interessanter und besser als Altes und Bewährtes

Gewissenhafte Personen zeichnen sich aus durch:

- Organisation
- Sorgfalt
- Zuverlässigkeit
- Überlegenheit und Planung

Personen mit extraversionellem Verhalten sind:

- gesellig
- aktiv
- gesprächig
- optimistisch
- herzlich

Verträgliche Menschen haben folgende Eigenschaften:

- Wunsch nach sozialer Akzeptanz
- Sie sind verständnisvoll
- Sie sind wohlwollend
- Sie sind mitfühlend

Personen mit einer hohen Ausprägung in Neurotizismus sind:

- Ängstlich
- Angespannt

- Unsicher
- Verlegen
- Nachdenklich
- Überempfindlich auf negative Emotionen

Um herauszufinden, welche Persönlichkeit man nun hat, sollte man sich die Faktoren genauer anschauen und sich genau überlegen, zu welchen Aspekten man sich am ehesten hingezogen fühlt.

WIE KANN MAN SEINEN CHARAKTER / SEINE PERSÖNLICHKEITSSTRUKTUREN ÄNDERN?

Grundlegend kann man behaupten, dass es möglich ist, seine Persönlichkeit zu ändern. Das sieht man meist allein daran, dass man, wenn man zurückblickt, nicht die gleiche Person vom Verhalten her ist wie es vor 5 Jahren mal war. Eine Persönlichkeitsänderung bedeutet jedoch sehr viel Geduld, Zeit und Disziplin. Meist sind es kleine Marotten oder schlechte Angewohnheiten, die man gerne an sich ändern würde, aber die Zeit zur Abgewöhnung ist sehr schwierig. Man muss auf seinen Körper besonders gut achten und gut auf ihn hören. Aber der erste und beste Schritt einer Persönlichkeitsänderung ist der Fakt, sich selbst zu visualisieren, was es bedeutet, seine Persönlichkeit zu verändern beziehungsweise einen Teil seiner Persönlichkeit.

Entwicklungspsychologie

Die Entwicklungspsychologie ist ein wichtiger Bestandteil der Psychologie und beschreibt die Veränderung von Erleben und Verhalten in Anbetracht der kompletten Lebensspanne eines Menschen. Dabei wird besonders der gesunde Verlauf eines Lebens beobachtet und nicht ein Lebenszeitraum, der von Krankheit geprägt war.

Der Begriff der Entwicklung ist dabei sehr schwierig zu erklären. Im Allgemeinen kann man jedoch behaupten, dass man unter Entwicklung den

Prozess der Entstehung und Veränderung versteht, wobei man bei der Entwicklung im Hinblick auf die Psychologie von drei Prinzipien spricht. Das erste thematisierte Prinzip ist dabei das Prinzip des Wachstums, das zweite ist das Prinzip der Reifung und das dritte Prinzip wird als Prinzip des Lernens betitelt.

Das Prinzip des Wachstums thematisiert dabei vor allem die Veränderung der Körperstruktur und zwar in näherer Betrachtung die Form, die Größe etc. Der Ausdruck Reifung bezeichnet dabei die konkrete Entwicklung von Reflexen, Instinkten oder weiteren Verhaltensweisen, welche man nicht erlernt hatte, sondern man an sich im Körper mit sich trägt.

Das letzte Prinzip, also das Prinzip des Lernens, bezieht sich dabei sowohl auf den traditionellen Bereich des Konditionierens als auch auf den Bereich, der das schulische Lernen umfasst. Die Aufgabe der Entwicklungspsychologie ist es demnach, zu erklären, warum es zu gewissen Veränderungen gekommen ist, aus welchen Gründen das Gefühl von Stabilität kommt und warum es diesbezüglich inter- und intraindividuelle Unterschiede gibt.

Sozialpsychologie

Die Sozialpsychologie ist ein Thema, welches sowohl in dem Gebiet der Soziologie, aber auch in dem Gebiet der Psychologie auftritt. Sie beschreibt den Einfluss verschiedenster gesellschaftlicher Faktoren sowie Erlebnis- und Verhaltensweisen. Das Denken und Handeln sowie das Verhalten wird also unter Berücksichtigung des sozialen Einflusses untersucht.

Bekannterweise geschehen alle Abläufe eines Menschen in Bezug auf Verhalten, Reaktionen und Meinungsbildung unter Abwägung der sozialen Normen und dem eigenen Befinden. Dabei kann jedoch

auch die Umwelt sowohl bewusst, aber auch unbewusst Einfluss auf Entscheidungen nehmen. Zum
Beispiel fühlt sich ein Individuum in einer Gruppe
von Menschen, welche sich ähnlich bewegen, ähnlich
kleiden und ähnliche Interessen haben, viel wohler,
als in einer Gruppe, die all diese Punkte nicht erfüllt.
Dieses Phänomen tritt wegen der Identifizierung mit
dem sozialen Umfeld auf.

Die Sozialpsychologie konnte herausfinden,
dass es für ein Individuum stets wichtig ist, sich
identifizieren zu können und ein angenehmes Umfeld zu haben, um positive Gedanken zu entwickeln.
Diese Erkenntnis verhalf dazu, dass Sozialpsycholo-
gen beispielsweise bei der Milderung von Schmerzen und der Bekämpfung von Phobien und Ängsten
aktiv helfen können.

Zum Forschungsbereich der Sozialpsychologie
zählen jedoch sehr viele und verschiedene Bereiche.
Beispielhafte Bereiche wären zunächst die soziale
Wahrnehmung, die soziale Kognition, die Konstruktion seiner Selbst, oder auch die Einstellungen.

Die soziale Wahrnehmung thematisiert dabei,
wie gesammelte Informationen durch die Betrachtung der Umwelt aufgenommen und interpretiert

werden. Dabei zählen Unterthemen wie die Attributionstheorien, die Theorie der korrespondierten Schlussfolgerungen sowie auch die Kovariationstheorie zu dem Oberbegriff der sozialen Wahrnehmung mit dazu. Die <u>Attributionstheorien</u> thematisiert dabei die Erklärungen für das Verhalten von Menschen. Die Theorie der korrespondierenden Schlussfolgerungen nimmt dabei an, „dass Betrachter aus einem beobachteten Verhalten auf entsprechende Absichten schließen". Die letzte Theorie, also die <u>Kovariationstheorie</u>, erklärt dabei die unterschiedlichen und individuellen Einschätzungen von Menschen in Bezug auf einer beobachteten Situation und Handlung.

Der Bereich der <u>sozialen Kognition</u> umfasst dabei das weitere Oberthema der Sozialpsychologie und dient zur Erklärung von Denkansätzen. Die soziale Kognition ist dafür da, herauszufinden, wieso und weshalb eine Handlung und Reaktion sich auf Grund eines sozialen Aspektes beeinflussen lässt. Bei diesem Prozess unterscheidet man grundlegend zwischen zwei verschiedenen Prozessen und zwar zwischen dem automatischen und dem kontrollierten (Denk-)Prozess. Dabei beschreibt man einen automatischen Prozess als einen, der automatisch und ohne Absicht unterbewusst geschieht, ohne dabei die ablaufenden kognitiven Prozesse, welche simultan stattfinden, zu stören. Ein kontrollierter Prozess hingegen ist einer, der mit Absicht herbeigeführt wurde und bei einem Menschen bewusst abläuft.

Folgend gibt es auch in dem Bereich der Sozialpsychologie die Konstruktion seiner Selbst.

Bei diesem Thema werden verschieden Ursachen analysiert, die im Zusammenhang mit dem Individuum stehen. Die große Frage nach dem „Warum" und die große Frage „Woher" in Bezug auf die Selbsterkenntnis eines Menschen wird bei diesem Thema erarbeitet. Dabei sind zentrale Fragen aber nicht nur der Ursprung und das „Warum?", sondern auch Begriffe wie Selbstkonzept, Selbstschemata und Selbstwertgefühl sind essenzielle Aspekte, die bei dem Thema „Konstruktion seiner Selbst" eine Rolle spielen.

Weiter geht es mit dem Thema „Einstellungen". Unter diesem Thema wird verstanden, dass ein Individuum verschiedene Dinge wie Gruppen, Randgruppen, Verhalten, Meinungen sowie aber auch

Menschen in seinem sozialen Umfeld bewertet. Denn die innere Einstellung hat enorm großen Einfluss darauf, wie ein Mensch als Individuum denkt und handelt, da Einstellungen die Wahrnehmungen beeinflussen. Bei diesem Thema ist das Multikomponentenmodell der Einstellung ein gängiges Modell, welches aussagt, dass die Definition von dem Begriff Einstellung die ist, dass man als Mensch versucht, eine Bewertung eines Objektes zu treffen, die auf <u>kognitiven,</u> <u>affektiven</u> und verhaltensbezogenen Grundlagen beruht. Dabei ist das Zusammenspiel zwischen Einstellung und Verhalten sehr wichtig. Denn so wie Einstellungsforscher sagen, können Einstellungen das Verhalten eines Menschen vorhersagen.

Weitere Gebiete, mit denen sich die Sozialpsychologie beschäftigt, wären beispielsweise Emotionen, soziale Rollen, das Rechtsgefühl, die verbale und nonverbale Kommunikation, Aggressionen, Vorurteile und vieles Weitere.

Werbepsychologie

Die Werbepsychologie beschreibt das Wirken auf den Menschen von Werbung, die man durch verschiedene Arten und Weisen aufnimmt. Die Werbepsychologie dient zum Zwecke der aktiven Beeinflussung. Sie soll also dabei helfen beziehungsweise sie soll bewirken, dass der Kunde etwas kauft. Dabei bestimmt oftmals der Wiedererkennungseffekt den Kauf. Diese Wiedererkennung kann durch einen Slogan geschehen, aber auch durch eine bestimmte, laute Melodie, welche einem direkt in den Kopf strömt, wenn man das damit beworbene Produkt sieht. Es geht also darum, dass mit den allgemein laufenden Werbekampagnen nicht nur bestimmte Reize assoziiert werden, sondern es handelt sich auch darum, dass einem ein gewisser Wiedererkennungseffekt als Verkäufer gelingt. Dafür sind Wiederholungen sehr wichtig, damit der Slogan, die Melodie o.Ä. auch eingängig sind und früher oder später im Kopf eines Individuums hängen bleiben. Dabei ist es sogar ganz gleich, ob einem die Melodie gefällt oder der Slogan vielfältig ist. Fakt und Ziel ist nur, dass es im Kopf bleiben muss und das Produkt Aufmerksamkeit bekommt.

Eine andere Methode der Werbepsychologie funktioniert mit der klassischen Konditionierung. Das bedeutet, dass man versucht, durch regelmäßige Belohnungen den Menschen dazu zu animieren, ein Produkt zu kaufen. Ein Beispiel dafür ist das Werben mit einem Gut, welches jeder möchte. Proteinreiche Haferflocken sollen zum Beispiel ideal zum Frühstück sein. Also wird damit beworben, dass man garantiert, durch das Verzehren dieses Produktes fitter und gesünder wird. Jeder möchte fitter und gesünder sein und kauft deshalb das Produkt mit dem Vertrauen, dass es einem hilft. Es gibt eine Vorgehensweise, die man kurz einfach AIDAS nennen kann. AIDAS steht dabei für 1. Attention, 2. Interest, 3. Desire, 4. Action, 5. Satisfaction und thematisiert die wichtigsten Aspekte für eine gute und vielversprechende Werbung:

1. Die Gewinnung der Aufmerksamkeit ist das A und O, um potenzielle Kunden zu erlangen

2. Das Interesse, sich mit dem Produkt beschäftigen zu wollen, muss geweckt werden

3. Das Spüren eines Kaufwunsches muss gewährleistet werden

4. Das beworbene Produkt sollte gekauft werden

5. Der Kunde sollte eine Kaufbestätigung erhalten und mit seiner Entscheidung, dieses Produkt gekauft zu haben, glücklich sein. Der Kunde sollte dabei so glücklich und überzeugt sein, dass er das Produkt immer wieder kaufen möchte.

Das heißt, dass nach erfolgreichem und glücklichem Kauf der Ablauf des Konsumenten in Bezug auf das Produkt wie folgt aussieht: Werbung -> Kauf -> Werbung -> Nachkauf -> Werbung -> Nachkauf etc.

Eine weitere essenzielle Wärmetechnik ist die sogenannte PPPP. Dies bedeutet „1. picture (Bild), 2. promise (Versprechen),3. prove (Beweise) und 4. push (drücken; drängen)".

Zu dieser Werbetechnik zählt die Einhaltung folgender Punkte:

1. Bildliche Visualisierungen zur Veranschaulichung
2. Die Werbung sollte eine Garantie oder ein Versprechen beinhalten
3. Das Versprechen muss auch durch anerkannte Fakten bewiesen werden
4. Eine Handlungsaufforderung muss gegeben sein

Der letzte zu beachtende Punkt in Bezug auf die Werbepsychologie ist USP, auch Kurzwort für „unique selling proposition". Diese Abkürzung soll dabei lediglich im Großen und Ganzen bedeuten, dass Werbeslogans eingängig und einfach gehalten werden sollten.

Man kann also kurz gefasst zum Thema Werbepsychologie sagen, dass die Werbung einen enormen Einfluss auf die menschliche Psyche hat und es sehr viele Tricks gibt, die den Menschen dazu animieren, etwas zu kaufen und etwas zu glauben.

Sportpsychologie

Unter Sportpsychologie versteht man eine Therapie, die mit Sport helfen soll, bestimmte Verhaltensmuster zu erkennen. Zudem soll diese Therapie dazu beitragen, dass Probleme gelöst werden beziehungsweise das Ziel ist es, mithilfe von Sport Problemen entgegen zu wirken. Sport gilt in der Medizin und in der Psychologie als ein Mittel, welches Geist und Körper vereint. Man kann zum Beispiel durch Boxen aufgestaute Aggressionen freien Lauf lassen oder durch Cardio die eigene Ausdauer trainieren und so den Körper „auspowern". Kurz gesagt:

Erwiesenermaßen verhilft Sport beim glücklich werden. Sport verleiht einem nämlich zunächst Selbstbewusstsein. Man hat stetig das Gefühl, etwas geschafft zu haben und verleiht sich selbst ein gutes Selbstwertgefühl. Dafür muss man sich auch keine hohen Ziele setzen, denn selbst 30 Minuten spazieren gehen können dabei ausreichen.

Zudem konnten Wissenschaftler zusammen mit Psychologen herausfinden, dass die regelmäßige Betätigung von Sport zu einem besseren Schlaf führt. Zunächst einmal, weil das Herz-Kreislauf-System besser wird und andererseits auch, weil der Körper durch die sportliche Betätigung es eher schafft, einen in die Tiefschlafphase und Rem-Schlafphase zu transportieren. Schlaf ist für den menschlichen Körper unentbehrlich. Zunächst einmal, aus dem Grund, dass unser Körper irgendwann sehr kraftlos ist und unsere Muskeln eine Auszeit benötigen, aber ebenso auch, damit Dinge aus der Vergangenheit und Dinge, die während des Tages passiert sind, verarbeitet werden können.

Kommt man aber nicht vernünftig in die Tiefschlafphase und auch nicht in die Rem-Schlafphase, dann kann das Gehirn bestimmte Dinge nicht verarbeiten und Menschen werden unglücklich und fühlen sich schnell körperlich schwach und ausgelaugt. Diesem Gefühl kann man anschließend mit der Methode der Sporttherapie entgegenwirken und damit nicht nur sich selbst therapieren, sondern hat ebenso die Möglichkeit, herauszufinden, wo genau sich die Probleme befinden. Denn auch bei dieser Therapie ist es wichtig, auch wenn Sie auf Sport basiert, den Ursprung des Problems herauszufiltern, zu erkennen und anschließend zu bekämpfen.

Positive Psychologie

D ie positive Psychologie beschreibt die Behandlung von positiven Aspekten wie zum Beispiel Glück, Optimismus, Geborgenheit und vieles Weitere. Der Schwerpunkt bei diesem Thema ist dabei auf Charakterstärken gelegt, zu diesen zählen Aspekte wie zum Beispiel die individuelle kognitive Stärke, die emotionale Stärke und Menschlichkeit, aber auch die zivile Stärke wie Gerechtigkeit, Fairness und Verantwortung. Angewendet wird diese Form von Psychologie oft in der

Unternehmenspraxis zum Beispiel im Bereich des „Positive-Leadership", im Bereich der Bildung sowie auch bei der Erziehung. Die positive Psychologie ist dabei essenziell für jeden Menschen, da sie einem ein wohliges Gefühl vermittelt.

Dabei kann man aber auch selbst die positive Psychologie bei sich anwenden, indem man sich bestimmte Aspekte und Sätze stets vor Augen führt:

10 NÜTZLICHE AFFIRMATIONEN

Nützliche Affirmationen im Bereich des positiven Denkens wären beispielsweise folgende:

1. Ich kann mein Leben selbst in die Hand nehmen.
2. Andere Menschen lieben und respektieren mich so, wie ich bin.
3. Ich bin wertvoll.
4. Ich akzeptiere mich so, wie ich bin.
5. Ich verzeihe mir selbst.
6. Ich habe Spaß am Leben.
7. Ich bin liebenswert.
8. Ich bin wertvoll.
9. Ich liebe meinen Körper.
10. Ich verdiene vollkommene Gesundheit.

ÜBUNGEN ZUM POSITIVEN DEN-KEN LERNEN

Man kann aber auch durch verschiedenste Übungen das positive Denken erlernen. So kann man sich beispielsweise vor einer Krise schützen oder eine Krise besser bewältigen.

Um positives Denken zu lernen, muss man sich zunächst vor Augen führen, wo genau die Probleme sich befinden und wie genau sich das Problem anfühlt. Wichtig ist dabei, dass versucht wird, bei der Beschreibung so detailliert wie möglich vorzugehen, da dies zu einem besseren Endergebnis führen wird. Nachdem sich eine Person das klar gemacht hat, kann sie die Übungen durchführen, die dazu beitragen, positiver zu denken. Grundlegend sind sogenannte Achtsamkeitsübungen, die man in seinen Alltag integrieren kann, damit man erlernt, positiver beziehungsweise positiv zu denken. Zu Achtsamkeitsübungen zählen unter anderem auch Meditationsaufgaben.

Ob ein Mensch positiv denkt oder nicht, hat etwas mit der Resilienz eines Menschen zu tun, also mit der inneren emotionalen Stärke. Wie gut diese ausgeprägt ist, ist bei jedem Menschen anders, weil sich diese durch Erziehung, Erfahrungen und äußere Umstände im Kindesalter entwickelt. Um positiv zu denken, ist es aber wichtig, dass man seine Resilienz stärkt, da diese der Schlüssel zum positiven Denken ist. Dafür sind jedoch viele Faktoren wichtig, die man sich als negativ-denkender Mensch vor Augen führen muss: Dazu zählen die Faktoren Akzeptanz, positive Emotionen, Optimismus, positive Selbstwahrnehmung, Kontrollüberzeugung, Selbstwirksamkeitserwartung und der Faktor des sozialen Netzwerks. Diese Faktoren sind alle bei resilienten Menschen abgedeckt. Resiliente Menschen zum Beispiel akzeptieren Veränderungen und versuchen nicht, stets gegen Veränderungen anzukämpfen.

Sie haben akzeptiert, dass Veränderungen ein Teil des Lebens und unvermeidlich sind. Es ist also für solche Menschen leichter, wenn etwas passiert, was für negative Gedanken sorgt, wieder aus dem „Tief" herauszukommen. Resiliente Menschen akzeptieren, dass es nicht für alles auf der Welt eine Lösung gibt, und finden damit gleichermaßen ihren Frieden wie mit einer Antwort. Auch andere Fähigkeiten wie zum Beispiel die Fähigkeit, seine Gefühle zu ordnen und seine Stimmung zu kennen, gehören damit hinzu.

Sie charakterisieren sich mit Optimismus und durch die Fähigkeit, seine inneren Glaubenssätze umzustrukturieren, verschaffen sie sich neue Überzeugungen, die einen glücklicher machen können. Diese Aspekte, aber auch zahlreiche andere Aspekte, sind viele Baustellen, die bearbeitet werden müssen, um positiveres Denken zu gewährleisten, sind aber alle durch Übungen abdeckbar.

Meditation und Achtsamkeitsübungen, bei denen man bewusst auf den eigenen Geist achtet und achtsam und bewusst mit seinen Sinnen Einflüsse aufnimmt, verhelfen einen besonders dabei, mit sich selbst im Reinen zu stehen. Sonst ist es die aktive Umstrukturierung der Glaubenssätze und die Verinnerlichung des Neuen sowie das bewusste und aktive Pflegen der sozialen Kontakte, die dabei helfen, dass man positiver denkt. Gute Beziehungen und positive innere Überzeugungen machen einen nämlich glücklich sowie auch bewiesen werden konnte, dass das regelmäßige Ausführen von Meditationsübungen das Gehirn des Menschen zu umstrukturiert, dass man glücklicher wird.

Motivationspsy-chologie

Die Motivationspsychologie ist eine Form der Psychologie, welche sich besonders mit den Auswirkungen mit dem Verhalten, sobald ein Individuum motiviert ist, auseinandersetzt und untersucht, welche Motive ein Individuum braucht, um die benötigte Motivation zu erlangen. Dabei spricht man in der Motivationspsychologie grundlegend über 4 Erkenntnisse, die als Leitfaden gelten.

Die erste Erkenntnis umfasst dabei die

Tatsache, dass Motivation der Schlüssel ist, um menschliches Verhalten zu verstehen. Erst wenn einem als außenstehende Person bewusst ist, welche Motive beziehungsweise Motivationsmotive vorliegen, kann man bestimmte Verhaltensweisen verstehen. Ein Beispiel dafür ist eine Person, die in großer Armut aufgewachsen ist und jetzt in ihrem neuen Leben sehr viele alte Gegenstände besitzt und immer mehr Sachen hortet, obwohl die Person finanziell stabil ist. Wenn man den Hintergrund nicht kennen würde, würde man nicht verstehen, warum die Person nicht einfach die Sachen in den Müll schmeißt. Aber nachdem man weiß, welche Motivation ihn dazu treibt, nämlich die Angst, wieder alles zu verlieren, dann schaut man mit einem anderen Blick auf die Situation, da man das Verhalten nachvollziehen kann.

Die zweite Erkenntnis ist der Aspekt, der besagt, dass Motive zunächst immer an ein bestimmtes Ziel geknüpft sind. Dabei sind uns die Ziele teilweise auch nicht immer bewusst, aber sie sind in jeden Fall da. Ein unbewusstes Ziel, welches man verfolgt, stellt sich oft während der Kommunikation heraus, wenn man zum Beispiel unbewusst durch die

Tonlage jemanden dazu animieren möchte, seine Entscheidung zu ändern. Aber natürlich können diese Motive auch ganz real sein, wie zum Beispiel das Ausführen von vielen Überstunden, weil man sich einen Urlaub finanzieren möchte.

Zur dritten Erkenntnis zählt der Punkt, dass die Art eines Motivs oft ausschlaggebend dafür ist, ob man Erfolg oder Misserfolg hat. Meistens ist es so, dass Menschen ihre Ziele nicht erreichen, da ihnen die eigene Motivation im Wege steht. Dies passiert oft, wenn sich jemand fremde Ziele als seine eigenen setzt, ohne aktiv über die Wünsche seiner selbst nachzudenken.

Die vierte und letzte Erkenntnis beschreibt die Art und Weise, wie Menschen mit Frust umgehen. Denn es gibt verschiedene Arten damit umzugehen, die entscheidend für den Erfolg eines Individuums sein können. Der Grund für das Scheitern an Zielen kommt nämlich häufig durch die Tatsache, dass der angemessene Umgang mit Frustration nicht erlernt wurde. Die ersten Schwierigkeiten sorgen schon dafür, die Motivation aufzugeben anstatt die Schwierigkeit als erneute Herausforderung anzusehen. Das bedeutet im Umkehrschluss aber auch, dass ein

Individuum aufgrund einer schwierigen Phase die Möglichkeit bekommt, davon zu profitieren. Natürlich macht es Sinn, sich von dem ein oder anderen Ziel loszureißen, aber jeder Mensch weiß aus tiefstem Herzen, was er wirklich möchte.

Zudem existieren noch einige grundlegende Motivationsformen, welche darüber entscheiden, mit welcher Wahrscheinlichkeit ein angestrebtes Ziel erreicht wird. Dabei unterscheiden Psychologen zwischen vier *Grunddimensionen* der Motivation:

Auch die Art der Motivation entscheidet mit darüber, ob ein Ziel mit hoher Wahrscheinlichkeit erreicht wird oder nicht. Psychologen unterscheiden meistens zwischen vier Grunddimensionen der Motivation:

Die erste Dimension ist dabei die intrinsische oder die extrinsische Motivation. Dabei beschreibt die extrinsische Motivation eine Motivation, welche von außen her kommt und mit dem eigentlichen Ziel inhaltlich nichts zu tun hat. Ein klassisches Beispiel findet man dafür bei Kindern in der Schule. Die Eltern bieten dem Kind eine materielle Belohnung an, sofern gute Noten geschrieben werden. Das Ziel des Kindes ist beim Lernen oft dann weniger die gute

Note, sondern viel eher die Belohnung. Die Motivation zum Lernen kam dann also von außen. Im Gegensatz dazu steht die Intrinsische Motivation, welche die von innen heraus kommende Motivation beschreibt. Diese Motivation kann sich zum Beispiel in Form von Neugierde, Wissensdurst oder generell Interesse zum Vorschein kommen.

Bei dieser ersten Dimension konnten Untersuchungen feststellen, dass die intrinsische Motivation bei einem Individuum stärker und langanhaltender ist als eine extrinsische Motivation. Extrinsische Motivationen werden in der Regel fällig, sofern Aufgaben anfallen, die wenig mit den eigenen Bedürfnissen oder Interessen zu tun haben. Aus diesem Grund wird nach der getanen Arbeit durch extrinsische Motivation bei jeder Aufgabe eine neue „Belohnung" eingefordert oder aber auch nicht mehr eingefordert, weil die Motivation nicht mehr groß genug ist.

Die zweite Dimension beschreibt man als die positive oder negative Motivation. Dabei beschreibt die negative Motivation eine Motivation, die darauf aus ist, negative Dinge zu vermeiden. Auch dazu gibt es ein passendes Schulbeispiel: Ein Kind in der achten Klasse weiß, dass es Zuhause Ärger gibt, wenn es mit schlechten Noten nach Hause kommt. Aus diesem Grund lernt es viel. Das Kind möchte also die eventuell auftretende negative Situation vermeiden und fühlt sich aus diesem Grund dazu motiviert, zu lernen.

Die positive Motivation hingegen basiert auf einem gewünschten Zustand. Ein passendes Beispiel dafür wäre, dass eine erwachsende Person aufhören möchte, zu rauchen, da sie gerne wieder bessere Kondition haben möchte. Zudem merkt sie selbst, dass der Zigarettenrauch an den Klamotten haften bleibt und sie definitiv mehr Geld sparen würde. Bei dieser Dimension ist es wahrscheinlicher, dass die Motivation des Erwachsenen länger anhält und er erfolgreicher mit seinem Vorhaben ist. Studien konnten nämlich herausfinden, dass negative Motivation Trotz auslösen und sich auf einen Menschen quasi lähmend auswirken kann.

Die kurzfristige versus langfristige Motivation beschreibt die dritte Dimension der Motivationspsychologie. Diese Dimension beschreibt lediglich die Tatsache, dass man sich nicht zu große Ziele setzen soll, ohne sich dabei Zwischenziele zu setzen. Wenn man sich nämlich nur ein großes Ziel setzt, dann ist es sehr wahrscheinlich, dass man viele Phasen der Frustration durchlaufen muss, die im Endeffekt dazu führen, dass man aufgibt. Wenn man sich aber immer wieder kleine Zwischenziele setzt und diese erreicht, umgeht man die Massen an Frustration, da man mit jeder Erreichung eines Zwischenziels neue Motivation „tanken" kann.

Die letzte Dimension der Motivationspsychologie ist die bewusste oder unbewusste Motivation. Die bewusste Motivation beschreibt dabei die aktive und überlegte Zielsetzung, mit der man sich befasst hat. Die unbewusste Motivation beschreibt hingegen Motive, welche sich im unbewussten Teil des Menschen befinden. Dies kann dazu führen, dass ein Individuum scheitert. Die unbewusste Motivation bezeichnet man auch als Gegenmotivation, die einen davon abhalten kann, ein bestimmtes bewusstes Ziel umzusetzen. Ein Beispiel dafür gibt es auch wieder in der Schule: Ein Schüler legt bewusst viel Wert auf Fairness und Gerechtigkeit. Aus diesem Grund möchte er seinen Mitschülern helfen, die ohne Grund geärgert werden. Seine Gegenmotivation ist aber, dass er Angst hat, selbst geärgert zu werden. Somit kann diese „unbewusste Motivations-Ebene" dazu führen, dass man seine Ziele nicht erreicht. Auffallend dabei ist, dass besonders Menschen, die an psychischen Erkrankungen leiden, von dieser Gegen-Motivation betroffen sind.

Experimentelle Psychologie

Die "Experimentelle Psychologie" wird auch "Experimentalpsychologie" genannt und beschreibt im Großen und Ganzen den Vorgang, eine Erkenntnis zu erlangen durch die Ausführungen von themenbezogenen Experimenten. Dabei gehört diese Experimentalpsychologie schon zu sehr vielen psychologischen Themen als Teildisziplin mit dazu und wird als ein wichtiges Untersuchungsfeld betrachtet. Dabei beruht die experimentelle Psychologie auch auf dem medizinischen beziehungsweise generell wissenschaftlichen Fortschritt, weshalb sich Methoden sowie Diagnosen natürlich stetig verbessern können. Aus diesem Grund ist diese Form von Psychologie eine der stärksten, die auf Fortschritt basieren. Im Rahmen der experimentellen Psychologie gibt es jedoch auch viele Kritiker. Einwände sind dabei zum Beispiel, dass man „Psychisches nicht messen könne" und es bei Experimenten Besonderheiten und Grenzen geben sollte.

Klinische
Psychologie

D ie Klinische Psychologie gehört zu dem Oberthema der angewandten Psychologie. Die Aufgabe dieser Psychologie ist es, Grundlagen von psychischen Störungen zu untersuchen, unter Berücksichtigung von wissenschaftlichen, biologischen, sozialen, entwicklungs- und verhaltensbezogenen sowie kognitiven und emotionalen Aspekten.

Normalerweise war die klinische Psychologie eine Methode der Diagnostik, sofern diese sich in einer Klinik oder in einem Krankenhaus befunden hatte. Dabei ist es jedoch noch wichtig, zu erwähnen, dass die medizinische Psychologie sowie die Neuropsychologie stark verbunden mit der klinischen Psychologie sind. Die klinische Psychologie wird zur Analyse von körperlichen oder auch sozialen, umweltbezogenen Störungen verwendet, wobei durch wissenschaftliche Methoden beispielsweise Wirkungsbedingungen und das Verhalten auf das Erleben untersucht werden. Die klinische Psychologie analysiert mit ihren Diagnosen verschiedenen Verhaltensmuster und wissenschaftliche oder auch biologische Prozesse. Dieses Unterthema der angewandten Psychologie ist aber kein Thema, welches ausschließlich in der Theorie behandelt wird, sondern auch mit gewisser Praxis verbunden ist. Denn Laborexperimente sind ebenso essenziell, um zu Erkenntnissen bei gewissen Aspekten zu gelangen.

Die Herausarbeitung und Untersuchung von psychischen Störungen ist aber ebenso nur ein Unterthema der klinischen Psychologie, denn eigentlich kann man diese grundlegend in drei theoretische Aspekte unterteilen: Methoden, Diagnose und Behandlung. Dabei ist es nicht unüblich, dass sich die klinische Psychologie mit anderen Themen der Psychologie überschneidet.

Man kann aber im Allgemeinen behaupten, dass es sich bei dieser Psychologie um Grundlagenforschung handelt, die „gestörtes" Verhalten mit „normalem" Verhalten vergleicht, erforscht und untersucht. Dabei sucht diese zusätzlich ebenso im Rahmen der weiteren Forschungen nach Ursachen und der Entstehung von psychischen Störungen. Beispielhaft sind Anwendungsbereiche dieser Form von Psychologie bei Angststörungen oder auch bei Depressionen.

Die Psychologie unserer Haustiere

Die Frage, ob unsere Tiere auch eine Psychologie haben, haben sich mit Sicherheit schon sehr viele Menschen gestellt. Jeder wollte schon einmal wissen, ob sein Liebster eigentlich ein Bewusstsein hat, was dem unseren ähnelt. Manchmal verhalten sich Tiere nämlich nicht instinktiv, impulsiv und von Urtrieben geleitet, sondern zeigen Charakter, Liebe und irgendwie eine menschliche Seite. Die Frage, ob auch Tiere ein Bewusstsein haben, ist dabei schwer zu beantworten, da selbst das Bewusstsein des Menschen nicht klar definierbar ist, sondern lediglich aus vielen verschiedenen Ansätzen möglichst detailliert interpretierbar. Einer der Grundsteine für die Erklärung des menschlichen Bewusstseins ist der Satz „Ich denke, also bin ich" vom französischem Philosophen René Descartes. Wenn man bei einem Menschen davon spricht, dass man sich beispielsweise „den Konsequenzen bewusst ist", dann bedeutet das im Subtext, dass man alle möglichen Situation, die auftreten können, kennt und dann mit Abwägung aller Eventualitäten eine Entscheidung getroffen hat.

Einen Menschen macht es aus, seine emotionalen Vorgänge, seine Gedanken und seine Handlungen zu kontrollieren, sie dadurch zu ändern und zu reflektieren. Das unterscheidet uns somit von den Tieren. Das sollte man zumindest meinen, aber zu einhundert Prozent kann man das nicht behaupten. Es ist für die momentane Medizin und Forschung noch zu komplex, ein genaues Urteil über das Bewusstsein unserer Haustiere zu sprechen. Die Forschung nach dem Bewusstsein stellt sich in der Tierwelt nämlich als echte Herausforderung heraus. Das womöglich größte Problem stellt dabei die mangelnde Kommunikation dar.

Mit einem Menschen kann man mittels unserer Sprache über das Verhalten, über Emotionen und über Gründe und Ursachen kommunizieren. Tiere jedoch können einem nicht sagen „Das tat mir weh.", „Das gibt mir ein gutes Gefühl". Die Untersuchung der Wahrnehmung basiert bei Tieren also ausschließlich auf Messungen und Beobachtungen von neurologischen Vorgängen.

Wir Menschen liegen in der Forschung aber auch so weit hinten, weil man sich eine sehr lange Zeit auch gar nicht erst mit dem Thema beschäftigt hatte. Etwas, was jedoch herausgefunden wurde, ist, dass Tiere verschiedene Charakterzüge aufweisen und zwar nicht nur außerhalb von verschiedenen Arten, sondern auch innerhalb einer Rasse.

Diese Charakterzüge entwickeln sich durch die Haltung und Erziehung der Tiere sowie auch der Umgang der Tiere mit der Mutter der Hunde im Welpenalter. Zudem gab es ein interessantes Experiment, welches die Diskussionen über das Bewusstsein der Tiere angeheizt hat. Das Experiment funktionierte bei Raben, Menschenaffen, Delfinen sowie bei Elefanten. Diese Tiere wurden vor einen Spiegel gestellt und hatten die Fähigkeit, sich selbst zu erkennen. Dies konnte man herausfinden, indem man bei den Tieren einen Farbklecks platzierte, den diese nur im Spiegel sehen konnten. Die Tiere haben nach Entdeckung dieses Farbkleckses versucht, diesen bei sich zu entfernen und nicht am Spiegelbild oder Ähnliches. Dies hat Aufschluss darüber gezeigt, dass einige Tiere ein Bewusstsein haben, die Frage ist dabei nur, auf welcher Ebene sich das Bewusstsein befindet.

Aber auch Menschen haben dieses Bewusstsein nicht von Anfang an, sondern lernen es erst mit der Erziehung. Hält man Babys vor einen Spiegel, wissen sie nicht, dass sie sich gerade einfach nur spiegeln und erkennen sich selbst nicht. Denn das Einzige, was Babys benötigen, ist die Befriedigung der Grundbedürfnisse.

Das Thema ist also sehr umstritten, weil es einfach sehr unerforscht und schwierig zu erforschen ist. Man kann zwar anhand von chemischen Stoffen nachweisen, dass unsere Haustiere traurig oder glücklich sind, aber ob das Tier seine Stimmung selbst kennt, kann man noch nicht nachweisen. Aber eins ist klar: Unmöglich ist es nicht!

Das Eisbergmodell nach Freud

D as Eisbergmodell nach Siegmund Freud ist ein Modell, welches auf das Zusammenspiel zwischen Psyche und Persönlichkeit basiert. Es werden dabei drei wesentliche Teile der Persönlichkeit diskutiert und beschrieben. Die drei wesentlichen Aspekte der Persönlichkeit sind dabei das *Bewusste*, das *Vorbewusste* und das *Unbewusste*. Visualisiert wird dieses Modell – deshalb auch der Name – mit einem im Wasser schwimmenden Eisberg. Dabei schauen ungefähr zwanzig Prozent des

Eisberges aus dem Wasser heraus und achtzig Prozent befinden sich unterhalb der Wasseroberfläche. Dabei wird der Teil, der aus dem Wasser steht, als das *Bewusste* beschrieben, der danach folgende Teil als das *Vorbewusste* und der Teil, der ganz unten ist, als das *Unbewusste*.

Der Bewusste Teil beinhaltet dabei alle logischen, absoluten Faktoren. Zu diesen Faktoren zählen zum Beispiel Daten, aber auch Zahlen generell an sich sowie Fakten. Dieser Teil wird auch als Sachebene betitelt. Zum Vorbewussten zählen dann eher Merkmale wie Ängste, Merkmale der Persönlichkeit oder auch verdrängte Konflikte und wichtige Werte.

Der letzte Teil der Persönlichkeit ist das Unbewusste. Dazu zählen dann Ereignisse, die beispielsweise ein Trauma ausgelöst haben, die psychosexuelle Entwicklung eines Individuums sowie auch die Instinkte, mit denen ein Mensch geboren wird. Die beiden letzten Aspekte, also das Vorbewusste und das Bewusste, bezeichnet man folgend auch als Gefühlsebene.

Die Verteilung dieser drei Aspekte ist natürlich symbolisch und klug gewählt. Das Unbewusste ist etwas, wofür Sie als Individuum tief graben müssen. Das ist oft so tief, dass man all die Dinge, die sich im unbewussten Teil befinden, nur mit Hilfe eines Spezialisten in den bewussten oder vorbewussten Teil transportieren kann. Aus diesem Grund befinden sich diese beiden Teile des Modells auch ganz unten und unter Wasser. Der vorbewusste Teil ist dabei ein Teil, welcher sich zwar auch unter Wasser befindet, aber in der Regel keine Schwierigkeiten mit sich bringt. Zum Beispiel ist die Angst vor Spinnen etwas, was sich in der Regel unterhalb der Oberfläche befindet, aber jedem Individuum trotzdem offensichtlich ist. Der bewusste Teil befindet sich anschließend natürlich über der Oberfläche.

Mit diesem Modell versucht Freud, die Verhaltens- und Reaktionsweisen eines Individuums zu erklären. Das Modell beschreibt nämlich, dass nur ca. zwanzig Prozent von dem, was ein Individuum kommuniziert, egal ob es sich dabei um eine zwischenmenschliche Kommunikation handelt oder um eine mit sich selbst, auf Fakten und absoluten Daten basiert und dass die restlichen achtzig Prozent auf Erlebnisse und die damit verbundenen Gefühle basieren. Er selbst bezeichnet nämlich den Menschen als einen, der von Gefühlen und Emotionen geleitet ist. Diese These beziehungsweise diese Erkenntnis untermauert er anschließend auch mit diesem Eisberg-Modell.

Das Modell verfügt jedoch auch andere Betitelungen der jeweiligen Bereiche. Das Bewusste wird zum Beispiel bei anderen Varianten als *Ich* bezeichnet, das Vorbewusste als *Über-Ich* und das Unbewusste als *Es*. Das „Ich" bezeichnet damit das Individuum so, wie es ist. Das „Über-Ich" ist dabei der Part der Persönlichkeit, welcher Werte und Sitten beinhaltet und der Persönlichkeitsaspekt „Es" beschreibt dabei die Urinstinkte und die Urtriebe eines Menschen. Diese Variante des Eisbergmodells wird so beschrieben, dass das Es und das Über-Ich quasi in ständigem Konflikt stehen. Das Über-Ich, als das Vorbewusste bekannt, ist dabei nämlich der Teil, den man durch die Gesellschaft gelernt hat.

Das heißt, durch Erziehung weiß ein Individuum, dass man sich in einer S-Bahn ruhig und vernünftig verhält, weil es sich laut den gesellschaftlichen und rechtlichen Gesetzen so gehört. Dabei kann es aber theoretisch passieren, dass das Über-Ich in einen Konflikt gerät. Ein Mensch ist nämlich darauf ausgelegt, sich fortzupflanzen. Das bedeutet, dass ein Individuum auf Grund seines sexuellen Triebes Verlangen bekommen könnte, in der S-Bahn eine Dame anzusprechen und sich mit ihr fortpflanzen möchte. Dann stehen die beiden Instanzen im Konflikt, denn das Gelernte und das Angeborene stehen sich im Wege. In solchen Situationen erhält die Instanz *Ich* an Wichtigkeit, denn diese Instanz entscheidet letztendlich, welche Aktion durchgeführt wird.

Diese Instanz versucht also entweder zu entscheiden, ob die Aktion des Über-Ichs oder des Es durchgeführt wird, oder entscheidet sich dafür, beide Aktionen zu vermengen und so einen Kompromiss zu schließen. Freud beschrieb auch mit diesem Modell psychische Störungen. Ein Vergewaltiger als Extrembeispiel hatte laut ihm ein ausgeprägtes „Es" und seine Triebe standen im Vordergrund. Freuds Meinung nach könne man aber dem Ganzen durch die „richtige" Erziehung entgegenwirken.

40 unglaubliche psychologische Effekte

Folgend werden 40 psychologische Effekte erläutert, die im Bereich der Psychologie nicht nur erstaunlich sind, sondern die Erkenntnis über diese Effekte führte dazu, mehr Wissen über die Psychologie zu erlangen und bei Therapien zu helfen.

Der Spotlight-Effekt

Der erste Effekt ist der sogenannte Spotlight-Effekt. Dieser Effekt kommt aus dem Gebiet der Sozialpsychologie und thematisiert das Phänomen, dass ein Individuum sich einbildet, dass andere Personen einem mehr Aufmerksamkeit schenken als es in der Realität der Fall ist. Dabei sind häufig Menschen betroffen, die unter starken sozialen Phobien leiden.

Selbstwirksamkeitserwartung

Das Konzept der Selbstwirksamkeitserwartung bezeichnet die Erwartung einer Person, dass sie aufgrund ihrer eigenen Kompetenzen ihre Vorhaben selbst bewältigen kann. Ein Mensch, der also glaubt, er könne mit seinem Handeln etwas bewirken und das auch in schwierigen Situationen, hat demnach eine hohe SWE. Eine Komponente der SWE ist der Glaube, man könne als einzelne Person gezielt Einfluss auf die Welt und ihre Ereignisse sowie auf den Verlauf der Zeitgeschichte nehmen statt äußere Umstände wie andere Personen, Glück oder grundsätzlich unkontrollierbare Faktoren als Ursache anzusehen.

Schönheitsfehler-Effekt
Perfekte Menschen liebt niemand. Der Schönheitsfehler-Effekt bezeichnet das Phänomen, dass kleine
Fehler die Dinge für uns erst wirklich interessant
machen.

Reaktanz
Unter der psychologischen Reaktanz versteht man
die Abwehrreaktion, die entsteht, wenn der Mensch
äußeren oder inneren Einschränkungen ausgesetzt
ist und ein Widerstand entsteht. Reaktanz wird im
Normalfall durch psychischen Druck (z. B. Drohun-
gen, Verbote oder ähnliche Einschränkungen) ausgelöst. Als Reaktanz im eigentlichen Sinne bezeichnet man dabei jedoch nicht das ausgelöste Verhalten,
das als Reaktion entsteht, sondern den Gedanken,
der dieser Reaktion zugrunde liegt. Reaktanz ist ty-
pischerweise auf den „Reiz des Verbotenen" zurückzuführen. Es beschreibt die Situation, etwas noch
mehr zu wollen, weil es einem verboten wurde.

Pygmalion Effekt
Als Pygmalion-Effekt wird bezeichnet, wenn sich
eine positive Einschätzung von Charakteristika einer Person durch eine andere Person im späteren
Verlauf bestätigt. Das bekannte Bespiel der Lehrer-

Schüler-Beziehung funktioniert dann so: Ein Lehrer, dem suggeriert wird, einige Schüler seien besonders begabt und prädestiniert, besser zu sein als andere, wird diese unbewusst so fördern, dass sie am Ende auch faktisch ihre Leistungen steigern und damit seiner Vermutung, die ihm „eingeredet wurde", die für ihn aber keinen empirischen Hintergrund hatte, entsprechen.

Halo Effekt

Der Halo-Effekt (von Englisch halo, Heiligenschein) ist eine aus der Sozialpsychologie stammende kognitiv falsche Wahrnehmung, die darin besteht, von bekannten Eigenschaften wie zum Beispiel Großzügigkeit einer Person auf weitere positive oder eben negative unbekannte Eigenschaften zu schließen, in dem Fall zum Beispiel während jemand, der großzügig ist, bestimmt auch tolerant ist. Bei einer positiven Verzerrung spricht man auch vom Heiligenschein-Effekt, bei einer negativen vom Teufelshörner-Effekt.

Swimmer Body Illusion

Die Swimmer Body Illusion betitelt den Vorgang im Gehirn, bei welchem der Mensch versucht, aus kognitiven Erkenntnissen Schlüsse zu ziehen, jedoch

Resultat und Selektionskriterium verwechselt. Das Bespiel, dem diese Titulierung zu Grunde liegt, ist das eines professionellen Schwimmers. Diese haben muskulöse, fitte Körper. Im Vergleich zu Radprofis oder Bodybuildern wirkt er natürlicher und in sich stimmiger, da die Muskulatur gleichmäßiger trainiert ist. Daher ist schnell die Annahme gemacht, Schwimmen sei die perfekte Sportart, um einen schönen Körper zu bekommen. Diese stellt sich allerdings als falsch heraus, denn der Umkehrschluss ist korrekt: Um ein guter Schwimmer zu sein, benötigt man bereits einen ausgeglichen trainierten Körper und nicht zwingend andersherum.

Social Loafing

Der Begriff Sozial Loafing, welcher auf Deutsch „soziales Faulenzen" beschreibt, benennt ein sozialpsychologisches Phänomen, das in Gruppensituationen häufig auftritt. Sobald Individuen im Kollektiv mit anderen auf ein gemeinsames Ziel hinarbeiten und dabei ihre Einzelleistung nicht bekannt wird, reduziert sich ihre physiologische Anspannung – sie wägen sich in Sicherheit, weil sie glauben, ihr eigener Beitrag sei nicht entscheidend für das Ergebnis. Diese Entspannung führt zu einem Leistungsabfall bei einfachen Aufgaben. Im Gegensatz dazu führt das Ganze zu einer Leistungssteigerung bei schwierigen, zum Beispiel neuen oder komplexen Aufgaben. Jedes Individuum bekommt das Gefühl, sein Teil könne entscheidend sein und möchte dies auch, was als natürliches Bedürfnis empfunden wird. Jeder Einzelne möchte sich hervortun.

Ironie des Sokrates

Als die sokratische Ironie wird meist ein sich selbst negativ darstellendes Verstellen, z.B. sich dumm stellen, verstanden, um seinen Gegenüber, welcher sich in Überlegenheit wähnt, in die Falle zu locken. Dies tut man, um ihn zu belehren oder ihn zum Nachdenken zu bringen und ihm seine angenommene Überlegenheit und ihre Fachlichkeit aufzuzeigen.

Der Authority Bias

Der Authority Bias ist der sogenannte Autoritätsglaube. Dieser Effekt beschreibt, dass man sich wort- und kritiklos einer Person unterordnet, welche Autorität versprüht.

Der Confirmation Bias

Der Confirmation Bias wird auch Bestätigungsfehler genannt und bezeichnet die Neigung, Informationen so auszulegen und zu interpretieren, dass ein Individuum stets seine eigenen Erwartungen erfüllt.

Der Self-Serving-Bias

Den Self-Serving-Bias bezeichnet man als selbstwertdienliche Verzerrung. Das heißt, dass ein Individuum bei einem Erfolg diesem innere Ursachen wie Fähigkeiten, Fertigkeiten, Talent, Ehrgeiz etc. zuschreibt und im Gegenzug bei einem Misserfolg diesem äußere Ursachen zuschreibt wie zum Beispiel den Zufall oder auch die Gesamtsituation.

Der Outcome Bias

Der Outcome Bias beschreibt die Ergebnisverzerrung eines Individuums. Das bedeutet, dass ein Individuum versucht, trotz bekanntem Ergebnis die bereits getroffene Entscheidung an Qualität zu bewerten.

Der Action-Bias

Der Action-Bias bezeichnet die Neigung dazu, immer aktiv zu handeln, auch wenn man weiß, dass die Handlung möglicherweise nutzlos oder schädlich ist.

Der Liking Bias

Der Liking Bias beschreibt den Effekt, dass ein Individuum stets versucht, vernünftig oder auch „richtig" zu handeln, weil es versucht, stets gemocht zu werden.

Der Survivorship Bias

Als Survivorship Bias beschreibt man eine Verzerrung zugunsten der „Überlebenden". Das bedeutet, dass Erfolg eher Aufmerksamkeit auf sich zieht als Misserfolge und die erfolglosen Individuen nicht genauso berücksichtigt werden wie erfolgreiche.

Der Kontrast Effekt

Der Kontrasteffekt sorgt für eine intensivere Wahrnehmung einer Information durch eine Kontrastbetonung. Ein gängiges Beispiel dafür ist zum Beispiel ein reduziertes Kleidungsstück. Ein Kleid, welches von 80 Euro auf 40 Euro reduziert ist, wirkt günstiger und besser als ein Kleid, welches schon immer 40 Euro gekostet hat.

Die hedonistische Tretmühle

Die hedonistische Tretmühle bezeichnet den Effekt, nach einem Schicksalsschlag (unabhängig davon, ob der positiv oder negativ war) zu einem stabilen

Lebensstandard schnell und glücklich zurückzukehren.

Der Verfügbarkeitsfehler

Der Verfügbarkeitsfehler beschreibt das Phänomen, dass ein Individuum eigene Statistiken anfertigt aufgrund von verfügbaren Informationen und Erinnerung. Ein Beispiel dafür ist die Flugangst. Die meisten Menschen haben Angst, während eines Fluges zu sterben, obwohl es um das Vielfache wahrscheinlicher ist, bei einem Autounfall zu sterben. Das liegt daran, dass in den Medien ein Flugzeugabsturz viel präsenter und grausamer dargestellt wird.

Der Besitztums-Effekt

Der Besitztums Effekt ist ein Phänomen, welches auftritt, wenn man ein Gut besitzt. Er bedeutet, dass man ein Gegenstand oder ein Gut als wertvoller und wichtiger einschätzt, wenn man es besitzt.

Das Auswahlparadox

Das Auswahlparadox entsteht durch viele verschiedene Auswahlmöglichkeiten. Durch die Masse an Angeboten, die einem Individuum unterbreitet werden, fällt es einem Individuum schwer, sich zu entscheiden. Die vielen Auswahlmöglichkeiten führen zu Überforderungen.

Der Sunk Cost Fallacy Effekt

Der Sunk Cost Fallacy Effekt beschreibt den Effekt, dass Individuen eher den Reiz darin sehen, eine Aufgabe weiterzuführen, wenn schon Geld, Zeit und Energie investiert wurde und man diese nicht wiedererlangt.

Der Priming-Effekt

Der Priming-Effekt bedeutet, dass der allererste Reiz und die allererste damit zusammenhängende Interpretation ausschlaggebend für die restliche Entscheidung eines Individuums ist.

Die Kontroll-Illusion

Die Kontrollillusion beschreibt, dass ein Mensch davon überzeugt ist, etwas kontrollieren zu können, was nachweisbar entweder nicht stimmt oder gar nicht erst möglich ist.

Die Reziprozität

Die Reziprozität bedeutet Gegenseitigkeit und stellt das Grundprinzip menschlichen Handelns dar. Reziprozität sorgt für das, wonach ein Individuum das Verlangen hat. Beispielsweise einen Menschen der unfair und ungerecht zu ihm war, zu bestrafen.

Der Spielerfehlschluss

Der Spielerfehlschluss beschreibt das Phänomen, dass ein Individuum glaubt, dass Zufälle, Glücksereignisse, aber auch Pechsträhnen wahrscheinlicher sind zu kommen, wenn diese lange nicht auftraten.

Der Knappheitsirrtum

Der Knappheitsirrtum beschreibt den Effekt, dass Menschen eine Vorliebe für Güter haben, welche es nur begrenzt gibt.

Der Westermarck Effekt

Der Westermarck Effekt bezeichnet das Phänomen, dass sich Menschen, die miteinander aufgewachsen sind, unabhängig von der Verwandtschaft, im späteren Leben nicht sexuell anziehend und attraktiv finden.

Der Dunning-Krüger-Effekt

Der Dunning-Krüger-Effekt bedeutet, dass ein Individuum die fehlerhafte Neigung aufzeigt, sein eigenes Wissen stets zu überschätzen und die Kompetenzen der anderen stets zu unterschätzen.

Der Placebo-Effekt

Der Placebo Effekt gilt als einer der bekanntesten und verbreitetsten Effekte, den die Menschheit kennt und dessen Grund für seine Funktionalität nicht nachgewiesen werden kann. Der Effekt beschreibt das Phänomen, dass Menschen sich aufgrund ihrer eigenen Gedanken „heilen können". Das bedeutet, dass man einem Menschen mit Halsschmerzen ein Bonbon ohne Medizin verkaufen könnte und der Mensch trotzdem, wenn er es regelmäßig zu sich nimmt, keine Halsschmerzen mehr hat und das einfach nur, weil er glaubt, es würde helfen.

Der Nocebo-Effekt

Der Nocebo-Effekt beschreibt das Gegenstück zum Placebo-Effekt. Er beschreibt das Phänomen, dass Menschen durch ihre bloße Einbildung krank werden können. Das heißt, man könnte Menschen ein Bonbon geben und sagen „Wenn Sie das zu sich nehmen, dann erkälten Sie sich." Und es würde passieren, auch wenn das Bonbon keine Krankheitserreger mit sich trägt.

Der Bystander Effekt

Wenn der Bystander Effekt auftritt, bedeutet das, dass die Wahrscheinlichkeit, dass ein Mensch Hilfestellung bei einem Unfall leistet, sinkt, umso mehr Menschen anwesend sind.

Der Barnum Effekt

Dieser Effekt beschreibt, dass ein Individuum allgemeingültige Aussagen so interpretiert, dass sie auf die eigene Person zutreffend sind. Ein beliebtes Beispiel wäre da das Horoskop. Wenn bei dem Sternzeichen Widder steht, dass ein Widder stur ist, dann interpretiert man das selbst auch so und legt sich Erfahrungen und Situationen so zurecht, dass diese Eigenschaft zutrifft.

Der Superstar Effekt

Der Superstar-Effekt beschreibt das Phänomen, dass sich die eigene Leistungsfähigkeit aufgrund der Anwesenheit eines Profis oder Stars verändert.

Der Hawthorne Effekt

Der Hawthorne Effekt beschreibt zuletzt, dass Menschen ihr Verhalten ändern, sofern sie wissen, dass sie unter Beobachtung stehen und/oder an einer Studie teilnehmen.

Die umgekehrte Psychologie

Jeder hat den Begriff der umgekehrten Psychologie schon einmal gehört. Umgekehrte Psychologie beschreibt das gegenteilige Handeln von dem, was erwartet wird. Das bedeutet, dass Menschen, denen man zum Beispiel sagt, man solle die heiße Herdplatte nicht anfassen, es trotzdem machen und sich die Finger verbrennen. Die umgekehrte Psychologie ist auch Teil der Bibel bei der Entstehungsgeschichte. Es ist verboten gewesen, die Früchte des Baumes im Garten Eden zu essen, aber trotzdem war der Reiz da, das Verbotene zu tun. Die Frage, die sich dabei nur stellt, ist, ob das simpler Trotz eines Menschen ist, da er sich durch Verbote in seiner Freiheit beraubt fühlt oder ob das einen tieferen Grund hat. Man nennt das Phänomen, welches beim Verbot von Dingen auftritt, im Fachbereich der Psychologie Reaktanz.

Reaktanz beschreibt eine Abwehrreaktion, die zu Widerstand führt aufgrund von vorgegebenen Verboten und Einschränkungen. Ein Mensch kommt mit diesem unsichtbaren psychischen Druck, welcher die eigene Freiheit raubt, oftmals nicht klar und ändert deswegen in Sekunden seine Motivation, etwas zu tun oder nicht zu tun sowie die Einstellung. Sagt man einer erwachsenen Person zum Beispiel, dass sie sich nicht selbstständig machen sollte, kann es sein, dass diese auf einmal die Motivation erlangt, sich selbstständig zu machen, obwohl sie es vorher gar nicht vor hatte. Reaktanz beschreibt also den „Reiz des Verbotenen".

Daher kann man behaupten, dass Reaktanz dem Trotz zwar sehr ähnelt, aber nicht zwingend das Gleiche ist, da Reaktanz meist unbewusst auftritt, während eine reine Trotz-Reaktion kontrolliert werden kann. Das Auftreten von Reaktanz bedeutet im Subtext, dass die Wichtigkeit von Handlungen und Informationen sich ändert, auch wenn man vorher von dieser „Wichtigkeit" nie Gebrauch gemacht hat. Die typische Reaktion ist also quasi „Ist mir egal, was du sagst, jetzt mache ich es erst recht!", da der Mensch so zwanghaft probiert, sich seinen Freiheitsentzug wieder zu erlangen.

Eine andere Möglichkeit, sich bei der Anwendung von umgekehrter Psychologie zu verhalten, ist, dass man sich seine Freiheit durch Alternativen wieder holt. Diese Möglichkeit hat die Folge, dass man von den Verboten nicht betroffen ist und in seiner Handlungsfreiheit trotzdem nicht eingeschränkt ist. Zudem wurde herausgefunden, dass Reaktanz mit <u>Lethargie</u> und <u>Überkonformität</u> zu den wichtigsten Reaktionsmustern zählt im Bereich des äußeren Drucks oder der Einschränkung. Trotzdem ist unterschiedlich, wie stark diese Reaktanz bei den Menschen ausgeprägt ist beziehungsweise in welcher Form diese sich blicken lässt. Das ist schließlich von unterschiedlichen Faktoren abhängig, wie zum Beispiel dem Umfang, also wie groß der Freiheitsverlust ist. Ein anderer Faktor ist, wie sehr ein

Individuum seine eigene Freiheit für wichtig empfindet und viele Weitere.

Laut Reaktanz möchte ein Individuum theoretisch stets umgehen, dass ein Kontrollverlust geschieht, denn Menschen haben in der Regel mit Kontrollverlust negative Erfahrungen gemacht, weshalb das Gehirn bei dem Hauch davon oftmals „Alarm" schlägt und einem unterbewusst davor schützen möchte.

Umgekehrte Psychologie wird also angewendet, wenn man jemanden eben genau in diese Haltung bringen möchte. Wenn man jemanden motivieren möchte, etwas zu erledigen, ist das Anwenden von umgekehrter Psychologie also sehr hilfreich. Ein Beispiel wäre dafür Folgendes: Als Unternehmer schreiben Sie freiwillige Seminare an Ihre Mitarbeiter aus, aber niemand trägt sich ein, obwohl diese die Arbeit erleichtern würden. Nun wird umgekehrte Psychologie angewendet: Der Unternehmer schreibt Seminare aus, die das Arbeitsleben vereinfachen mit dem Druck, dass das Angebot verschwinden wird, wenn sich niemand einschreibt, da ja niemand dieses Thema für wichtig empfindet. Dadurch wird die Reaktanz aktiviert und Mitarbeiter werden sich dafür einschreiben.

Effektive Manipulations- und NLP- Techniken

Zu der Psychologie des Menschen zählt auch die Macht von Manipulationstechniken sowie NLP. NLP ist die Kurzfassung von „Neurolinguistisches Programmieren" und umfasst verschiedenste Techniken und Methoden, welche psychische Abläufe verändern können. Dabei basieren diese Methoden auf Kommunikation, Mimik und Gestik. NLP wird ebenso auch als „Das Studium über die Struktur subjektiver Erfahrungen" definiert. Die Intention ist dabei grundlegend, die verschiedensten Wirkfaktoren einer erfolgreichen Therapie herauszufinden, zu analysieren und zu optimieren.

MANIPULIEREN DURCH ANGE-NEHME ATMOSPHÄRE

Man kann die menschliche Psyche durch verschiedenste Einflüsse gezielt manipulieren. Eine Art ist dabei das Manipulieren durch angenehme Atmosphäre. Diese Atmosphäre kann dabei viele Dinge beinhalten, die wissenschaftlich beweisen, dass sie den Menschen beruhigen und entspannen. Beispielsweise zählen bestimmte Farben dazu. Zum Beispiel wirkt die Farbe gelb auf Menschen Ängste bekämpfend und Depression lindernd, die Farbe blau sehr vertraut, grün harmonisch und orange sehr stimmungsaufhellend.

Auch durch das Einsetzen von Regengeräuschen oder generellen Naturgeräuschen kann dabei eine stressfreie und angenehme Atmosphäre geschaffen werden. Und da ein Mensch sich eher beeinflussen lässt, wenn seine Grundverfassung besser ist, kann man aktiv und bewusst einen Menschen mit einer angenehmen Atmosphäre zu mehr Bereitschaft manipulieren.

MANIPULATION MITHILFE VON STARKEN EMOTIONEN

Eine andere Art, seinen Gegenüber zu manipulieren, ist durch starke Emotionen möglich. Ein klassisches Beispiel ist dabei die Verschiebung der Schuldfrage und das Verschieben der Verpflichtungen. Wenn Person A zum Beispiel mit Person B zusammen ist, sich aber in Person C verliebt hat, dann steht Person A in einem inneren Konflikt, denn einerseits möchte Person A seinen Grundsatz der Treue nicht brechen und wegen einer neuen Person seine jetzige Partnerin nicht verlassen, da er sonst ein schlechtes Gewissen hat, aber er möchte gleichzeitig trotzdem mit Person C intim werden. Aus diesem Grund verhält sich Person A seiner Partnerin gegenüber so, dass sie die Beziehung beendet. So kann er nämlich bei Streitgesprächen Person B die Schuld geben und sich selbst davon distanzieren und sich nicht verpflichtet fühlen, obwohl er sie manipuliert hat.

Ein weiteres Beispiel ist, dass Person X mehr Aufmerksamkeit von Person Y haben möchte. Aus diesem Grund, erzwingt sich Person X Tränen, damit sich Person Y verpflichtet fühlt, zu helfen. Diese Manipulationstechnik schlägt sehr schnell an, da Emotionen grundlegend für Chaos sorgen können. Jeder Mensch probiert nämlich stets, durch verschiedenste Abwägungen die Gefühle anderer zu schonen oder auch für seine eigenen einzustehen.

LÜGEN

Manipulation funktioniert auch mit Lügen. Denn eine falsche Behauptung kann grundlegend dafür sorgen, dass eine Person aufgrund der falschen Informationen in einer anderen Art und Weise über eine Situation denkt. Diese Manipulation funktioniert natürlich sehr gut, wenn man beim Lügen nicht erwischt wird. Sollte man beim Lügen jedoch erwischt werden, dann ist die daraus resultierende Situation meist schlimmer als die Wahrheit. Lügen bedeutet also Risiko.

VERSCHWEIGEN

Das Verschweigen ist ähnlich wie das Lügen, führt aber meist bei Entlarvungen nicht zu größeren Problemen. Trotzdem hat das Verschweigen von Informationen natürlich einen manipulativen Einfluss. Das Fehlen von Informationen sorgt nämlich dafür, dass der Gegenüber seine Entscheidungen ohne Einbezug aller Informationen trifft.

MANIPULATION DURCH BELOH-NEN

Eine weitere Manipulationstechnik wäre die Manipulation durch Belohnungen. Dabei handelt es sich um direkte Ansprache der Belohnung. Beispiele dafür wären: „Wenn du meine Lüge deckst, dann gehe ich mit dir einkaufen" oder auch „Wenn ihr leise im Unterricht seid, dann bekommt ihr keine Hausaufgaben." Wissenschaftler und Mediziner konnten beweisen, dass ein Mensch impulsiv seine grundlegende Einstellung oder sein aktuelles Bedürfnis ändern kann. Die Frage, ob die Einstellung sich ändern wird, ist dabei immer nur davon abhängig, ob sich der „Tausch" auch lohnt. Menschen, die einen aber durch Belohnungen manipulieren wollen, bieten in der Regel auch etwas im Gegenzug an, worauf man nicht verzichten möchte.

MANIPULATION MITTELS KRITIK

Menschen können jedoch auch andere Menschen durch Kritik manipulieren. Diese Kritik kann sich dann entweder positiv oder negativ auf einen Menschen auswirken. Der Satz „Wenn du Klavier spielst, hört es sich nicht gut an" kann bei Menschen verschieden ankommen. Entweder kann dieser Satz als Ansporn dienen oder aber dafür sorgen, dass die Person seinen Spaß am Klavierspielen verliert. Man muss also, wenn man jemanden durch Kritik manipulieren möchte, auf seine Wortwahl gut achten und den Menschen gut einschätzen können.

ZAHLEN VERÄNDERN

Auch durch das Verändern von Zahlen kann man effektiv manipulieren. Das Fälschen beziehungsweise Verändern von Daten, Fakten, Statistiken und Zahlen hat wohl einen der effektivsten Manipulationseffekte. Die oben aufgeführten rationalen Aspekte werden nämlich grundlegend und allumfassend von den Menschen als ein „richtiger" Maßstab angesehen und somit eigentlich nie in Frage gestellt.

FOOT IN THE DOOR TECHNIK

Die „Foot in the door" Technik bedeutet übersetzt „Fuß in der Tür" und beschreibt die Bereitschaft von Menschen, von denen man schon einen kleinen Gefallen erfragt hat, einen weiteren größeren Gefallen zu erledigen. Dass diese Technik funktioniert, wurde durch ein Experiment mit Schildern herausgefunden. Dieses lief wie folgt ab: Zuerst wurden Menschen an der Haustür gefragt, ob sie ein sehr kleines Schild bei sich im Fenster aufstellen würden. Zwei Wochen später wurden sie gefragt, ob sie ein sehr großes Schild in ihrem Vorgarten aufstellen würden. Dabei wurde schließlich herausgefunden, dass 55% der Menschen, die einwilligten, dass kleine Schild aufzustellen, dazu bereit waren, das große Schild in den Garten zu stellen, während nur 17% der Menschen, die direkt gefragt wurden, das große Schild aufzustellen, der Bitte nachgekommen sind. Damit konnte man mehr oder weniger beweisen, dass man den Menschen damit manipulieren kann, den „Fuß schon einmal in der Tür zu haben".

RHETORISCHE MITTEL

Die Macht der Manipulation durch rhetorische Mittel ist überleitend zu NLP. Rhetorische Mittel werden beispielsweise von Politikern verwendet, um die Rede für sich selbst passend auszulegen oder auch von Werbebetreibern und Verkäufern. Es gibt auch eine Bezeichnung dafür, die sich analoges Markieren nennt und genau diesen Einsatz von rhetorischen Mitteln und weiteren Stilmitteln beschreibt. Dazu zählt zum Beispiel das Einsetzen von einer bestimmten Stimmlage oder auch das Setzen von Sprechpausen und die Lautstärke. Auch die Betonung der Wörter sowie die Sprechgeschwindigkeit können dabei Einfluss auf die Rede oder auch auf den Slogan nehmen. Auch das bewusste Einsetzen von Mimik und Gestik hilft dabei, den Menschen unterschwellig etwas mitteilen zu wollen beziehungsweise die Menschen unterschwellig zu etwas zu animieren. Ein Beispiel, was jeder kennt, ist, dass Supermarktwerbungen oft laut und schnell gesprochen werden, während Dokumentationen oft in Zimmerlautstärke gedreht werden und auch in einem normalen Tempo gesprochen werden. Dies liegt natürlich daran, dass verschiedene Ziele erreicht werden sollen. Fakt dabei ist nur, dass der Zuhörer durch die Anwendung dieser rhetorischen Mittel keinen objektiven Blick mehr auf Fakten geboten bekommt und daher diese Technik definitiv zu einer effektiven Manipulations- beziehungsweise NLP-Technik zählt.

RAPPORT (NEUROLINGUISTI-SCHES PROGRAMMIEREN)

Weiterführend handelt es sich um die NLP-Techniken. Eine davon ist „Rapport". Dabei beschreibt Rapport den Umgang auf der gleichen sprachlichen Ebene. Dies dient dazu, dass man seinem Gegenüber durch das Annehmen des gleichen Niveaus nicht unverständlich rüberkommt und dieser besser verstanden wird. Es schafft Vertrauen und verhilft durch dieselbe Sprache, dass der Gegenüber durch die Benutzung „seiner Sprache" etwas versteht, was er vorher nicht verstanden hätte und man diese Person deshalb schneller beziehungsweise besser überzeugen kann.

SPIEGELN (NEUROLINGUISTI-SCHES PROGRAMMIEREN)

Das sogenannte Spiegeln bezeichnet dabei fast dasselbe wie Rapport, nur, dass es sich dabei nicht nur um verbale Anpassung handelt, sondern auch um nonverbale Anpassung. Das bedeutet, dass stets probiert wird, die Gestik und Mimik ebenso nachzuahmen. Diese Nachahmung von Gestik und Mimik im Zusammenspiel mit der Nachahmung der Sprache wirkt nämlich auf die Person gegenüber als sehr sympathisch, da diese sich identifizieren kann.

LEADING (NEUROLINGUISTI-SCHES PROGRAMMIEREN)

Das Leading gehört dabei auch zu NLP und beschreibt das (An-) Führen von Gesprächen. Dies gelingt einem durch Spiegeln und Rapport.

REFRAMING (NEUROLINGUISTI-SCHES PROGRAMMIEREN)

Refraiming bedeutet in diesem Zusammenhang so viel wie „einen Rahmen geben". Das heißt, dass neues Verhalten, neue Bedeutungen, neue Reaktionen sowie neue Glaubenssätze entwickelt werden können.

Gewohnheiten ändern

Gewohnheiten ändern. Diese Aussage ist leichter gesagt als getan, aber ein essenzieller Schritt für die Psyche eines Menschen. Damit ein Mensch, welcher aufgrund von Lebensumständen etc. nicht besonders glücklich ist, wieder glücklich wird, muss er seine Gewohnheiten und seine damit verbundenen Einstellungen und Glaubenssätze ändern und umformulieren.

Wenn es zum Beispiel zur Gewohnheit geworden ist, jeden Morgen erst 20 Minuten vor

Arbeitsbeginn aufzustehen, obwohl das Individuum sich jeden Morgen ärgert, weil es nicht frühstücken kann, dann sollte das Individuum genau das ändern. Man könnte die Gewohnheit so ändern, dass morgens geduscht wird und danach das Frühstück folgt. Denn auch wenn es zunächst doch eher hart erscheint, dies auch umzusetzen, ist es nur eine Frage der *Gewohnheit.* Zudem verhelfen neue Gewohnheiten dazu, auch neue Lebensabschnitte im Stillen zu zelebrieren. Symbolisch verschafft man sich damit einen neuen Abschnitt und zeigt sich offen für Neues.

Aus diesem Grund sollte man auch seine gewohnten Glaubenssätze umstrukturieren. Unter Glaubenssätzen versteht man Aussagen und Überzeugungen, die in einem drinstecken, ohne dass man selbst genau weiß, woher diese Meinung kommt. Ein Beispiel für so einen Glaubenssatz wäre: „Alle Chefs sind arrogant, deshalb möchte ich nie einer werden." Eine positive Umstrukturierung wäre: „Chef sein ist bestimmt eine Herausforderung, ich würde gerne mal auf jener Seite des Tisches stehen." Auch so eine Umstrukturierung funktioniert natürlich nicht von heute auf morgen, ist aber reine Gewöhnungssache und sehr wichtig, wenn man auch aktiv etwas an seinem Verhalten ändern möchte.

Die Glaubenssätze eines Individuums umfassen also Dinge, Erwartungen, Prioritäten, Meinungen und vieles mehr, von denen wir aufgrund von Erziehung, Erfahrung, Medien etc. denken, dass sie der Wahrheit entsprechen. Diese Sätze, mit denen ein Individuum seine Meinungen und Ansichten vertritt, haben etwas damit zu tun, an welche Wahrheit man bewusst oder auch unterbewusst glaubt. Nur weil beispielsweise Eltern gesagt haben „Über Geld spricht man nicht", bedeutet das nicht, dass es sich dabei um ein generelles Thema handelt, welches ein Tabu ist. Man denkt es nur, weil man es so gelernt hat. Und das Gleiche gilt auch für Sätze, die etwas mit einem Individuum persönlich zu tun haben, wie zum Beispiel die Aussage „Du kannst nicht Klavier spielen."

Denn der negative Nebeneffekt von solchen Aussagen ist, dass man anfängt, irgendwann diesen Satz für sich selbst aufzunehmen und dann zu sich selbst „Ich kann das nicht" sagt. Und genau da liegt auch der Schlüssel dieser Glaubenssätze. Man muss lernen, dieses umzustrukturieren und umzuformulieren. Positive Gedanken müssen sich festigen sowie die Bereitschaft, seine eigene Meinung einmal in Frage zu stellen und gegebenenfalls auch zu ändern. Dabei ist es natürlich alles andere als einfach, die Glaubenssätze, die man in sich trägt, umzustrukturieren und die Gewohnheiten zu ändern, aber wenn es dazu beiträgt, dass sich die Psyche wohler fühlt, sind diese Hinterfragungen und Änderungen es definitiv Wert.

Diese Umstrukturierung der Glaubenssätze und der Gewohnheiten haben dabei auch etwas mit dem Oberbegriff Neurolinguistisches Programmieren zutun. Gewohnheiten und Glaubenssätze beeinflussen nämlich das Denken im Alltag und nehmen unterbewusst Einfluss auf Entscheidungen und auf das Verhalten. Und durch die aktive Änderung kann man sein Gehirn so „umprogrammieren", dass es auf andere Arten und Weisen denkt.

Die Visualisierung als Hilfe zur Zielerreichung

Der Schlüssel dafür, seine Ziele im Bereich der Psychologie zu erreichen, basiert auf dem Begriff der Visualisierung, der beschreibt, dass man sich das Problem vor Augen halten muss und das entsprechende Ziel. Es ist wichtig, sich im Klaren zu sein, wo genau das Problem liegt. Man sollte wissen, was einem bedrückt, denn nur mit diesem Wissen kann man aktiv daran arbeiten.

Sobald man sich aber das Problem visualisiert hat, kann man sich an die Visualisierung der Ziele machen. Das heißt, man sollte sich stets die Frage beantworten „Was will ich? Was brauche ich? Was würde mich aus tiefsten Herzen glücklich machen?". Nachdem man sich das beantworten konnte, kann man sich aktiv mit dem Weg auseinandersetzen, der einem zum Ziel bringt. Wichtig dabei ist, wie bereits erwähnt, die realistische Zwischenzielsetzung. Aber nicht nur so etwas muss man sich visualisieren. Wichtig in der Psychologie ist es, sich selbst zu kennen und sich selbst beim Lernprozess nicht im Wege zu stehen. Dabei ist besonders die innere Stärke eines Individuums wichtig und essenziell sowie auch das soziale Umfeld.

Schluss

Abschließend ist zu sagen, dass die Psychologie unzählige Oberthemen und Unterthemen mit verschiedensten komplexen Verzweigungen enthält, die sehr schwierig sind, zu verstehen. Die Psyche eines Menschen ist aber unheimlich wichtig und sollte von jedem Einzelnen gepflegt werden. Der Erhalt der inneren Stärke, der Erhalt von Selbstbewusstsein und der Umgang mit Frust sind dabei die wichtigsten zu beachtenden Punkte. Zudem kann man abschließend behaupten, dass die verschiedenen Zweige der Psychologie zumindest eine Sache immer wollten: Das Erklären von

menschlichem Verhalten in verschiedensten Zusammenhängen.

Quellenverzeichnis

https://www.karstennoack.de/manipulationstechniken-erkennen/

http://www.rhetorik.ch/Manipulation/Manipulation.html

https://www.geo.de/magazine/geo-magazin/16810-rtkl-hirnforschung-darum-wirken-naturgeraeusche-so-entspannend

http://hipa.at/psycho/stroemungen.htm

https://www.systemstellen.org/wiki/allgemeine-psychologie/gestaltpsychologie/

http://www.kommdesign.de/texte/gestaltpsychologie1.htm

https://www.brgdomath.com/psychologie/motive-und-emotionen-tk-4/formen-der-motivation/

https://web.hsu-hh.de/fak/geiso/fach/psy-soz/was-versteht-man-unter-sozialpsychologie

https://www.gesundheit.de/wellness/sanfte-medizin/weitere-therapien-und-behandlungen/farben-und-ihre-wirkung

https://gedankenwelt.de/wie-wendet-man-umgekehrtepsychologie/

https://karrierebibel.de/manipulation/

https://www.mindmarketing.de/nlp-spiegeln.html

https://www.landsiedel-seminare.de/nlp-biblio-

thek/practitioner/p-01-03-rapport-pacing-und-lea-

ding.html#definition

https://www.nlp-ausbildung-holzfuss.de/nlp-informationen/nlp-modelle/leading-einfuehlsames-fuehren

https://www.landsiedel-seminare.de/nlp-bibliothek/practitioner/p-05-00-reframing.html

https://www.spektrum.de/lexikon/psychologie/persoenlichkeitspsychologie/11402

https://lexikon.stangl.eu/7036/physiologische-psychologie/

https://www.apollon-hochschule.de/fileadmin/content/pdf/HZK/Probelektionen/Probekapitel_Grundlagenpsychologie_APSYH01_0515K02.pdf

https://www.mystipendium.de/studium/sportpsychologie

https://www.wissenschaft-im-dialog.de/projekte/wieso/artikel/beitrag/haben-tiere-ein-bewusst-sein-und-inwieweit-unterscheidet-es-sich-von-dem-des-menschen/

https://alex-rubenbauer.de/psychologie/971/die-psychologie-und-ihre-teilgebiete/

https://www.neurologen-und-psychiater-im-netz.org/psychiatrie-psychosomatik-psychotherapie/psychosomatik/

Herstellung und Verlag:

BoD – Books on Demand, Norderstedt

ISBN: 9783751903585

1. Auflage

Kontakt: Psiana eCom UG/ Berumer Str. 44/ 26844 Jemgum

Covergestaltung: Fenna Larsson

Coverfoto: depositphotos.com